LIVRE D'AMOUR.

Amor ch'a nullo amato amar perdona.

DANTE.

LIVRE D'AMOUR.

PARIS.

—

1843.

IMPRIMERIE DE POMMERET ET GUÉNOT, RUE MIGNON, 2.

LIVRE D'AMOUR.

I.

INVOCATION.

Sæpè venit magno fœnore tardus Amor,
PROPERCE.

Ils m'ont dit, ces mortels en qui toujours j'ai foi,
Ceux qui savent le Ciel et l'homme mieux que moi ;
Ces poëtes divins que le génie inspire
Et qu'au livre du cœur, dès l'enfance, il fait lire ;
D'Ossian, de Milton, jeune postérité,
Qui sans cheveux blanchis, sans longue cécité,
Introduits de bonne heure au parvis des cantiques,
Ont dans leur voix l'accent des vieillards prophétiques ;
Ils m'ont dit, me voyant dans mon âme enfermé,
Malade et dévoré de n'avoir point aimé,
Morne, les yeux éteints, frappant cette poitrine
D'où jamais n'a jailli la flamme qui la mine,
Et me plaignant au Ciel du mal qui me tuera :
« Enfant, relève-toi, ton heure sonnera !
« Va, si tu veux aimer, tu n'as point passé l'âge ;

1

« Si le calme te pèse, espère encor l'orage.

« Ton printemps fut trop doux, attends les mois d'été ;

« Vienne, vienne l'ardeur de la virilité,

« Et sans plus t'exhaler en pleurs imaginaires,

« Sous des torrents de feux, au milieu des tonnerres,

« Le cœur par tous les points saignant, tu sentiras

« Au seuil de la beauté, sous ses pieds, dans ses bras,

« Tout ce qu'avait d'heureux ton indolente peine

« Au prix de cet excès de la souffrance humaine.

« Car l'amour vrai, tardif, qui mûrit en son temps,

« Vois-tu, n'est pas semblable à celui de vingt ans,

« Que jette la jeunesse en sa première sève,

« Au blond duvet, vermeil, et doré comme un rêve ;

« C'est un amour profond, amer, désespéré,

« C'est le dernier, l'unique ; — on dit moins, *j'en mourrai ;*

« On en meurt ; — un amour armé de jalousie,

« Consumant tout, honneur et gloire et poésie ;

« Sans douceurs et sans miel, capable de poison,

« Et pour toute la vie égarant la raison. »

Voilà ce qu'ils m'ont dit, ceux qui connaissent l'âme ;

Je les crois, et j'attends la tempête et la flamme ;

Je cherche autour de moi, comme un homme averti,

Demandant à mon cœur : « N'ai-je donc rien senti ? »

Et comme, l'autre soir, quittant la causerie

D'une femme pudique et saintement chérie,

Heureux de son sourire et de ses doigts baisés,

Je revenais, la lèvre et le front embrasés ;

Comme, en mille détours, la flatteuse insomnie

Faisait luire à mes yeux son image bénie,

Et qu'à travers un bois, volant pour la saisir,

Mon âme se prenait aux ronces du désir,

Un moment j'espérai que, fondant sur sa proie,

Amour me déchirait, et j'en eus grande joie.

Mais tout s'évanouit bientôt dans le sommeil,
Et je ne sentais plus de blessure au réveil.

Amour, où donc es-tu ? descends, vautour sublime ;
J'étalerai mon cœur pour qu'il soit ta victime ;
Je t'ouvrirai ma veine et mon flanc tout fumant ;
Docile à ton essor, comme un crédule amant,
J'irai, j'irai partout où montera ton aile ;
Je chérirai sans fin ta morsure éternelle.
Tu me seras léger et doux, maître adoré !
Jamais gazon flétri, jamais sable altéré,
Jamais guerriers mourants dont la plaine est jonchée
N'ont plus avidement bu la pluie épanchée
Que moi, rôdant, la nuit, aux lieux les plus déserts,
Je ne boirai mes pleurs cuisants, mes pleurs amers.
Oui, même sans bonheur, même sans espérance,
Quelque passion folle, abîme de souffrance,
Quelque amour désastreux, fléau de tout devoir ;
Oui, pourvu qu'il déchaîne en moi tout son pouvoir,
Pourvu que bien avant dans ma chair il se plonge,
Qu'il aiguise mes jours et sans pitié me ronge ;
Qu'importe ? je l'accepte et je m'attache à lui.
Plus de fade langueur, de vague et mol ennui ;
La tempête, en soufflant dans une âme élargie,
Des hautes facultés rallume l'énergie ;
La foudre éclate en nous, et si l'homme est vaincu,
Avant de succomber, du moins il a vécu.

II.

N'avoir qu'un seul désir, n'aimer qu'un être au monde,
L'aimer d'amour ardente, idéale et profonde;
Voir presque tous les jours, et souvent sans témoins,
Cette beauté, l'objet de mes uniques soins ;
Lui parler longuement des doux secrets de l'âme,
De l'une et l'autre vie ; et, sitôt que la flamme
Qui sort de son regard s'est trop mêlée au mien,
Ralentir tout à coup le rapide entretien ;
Sous ma paupière en pleurs noyer mon étincelle ;
Refouler les torrents de mon cœur qui ruisselle ;
Me taire, ou lui parler d'un accent moins aimant,
De peur de donner jour à l'attendrissement ;
— Ou bien quand, près de moi, muette, indifférente,
Elle livre au hasard sa rêverie errante,
Moi devant qui toujours elle est seule, elle est tout,
Être là comme un meuble, en silence, debout ;
N'oser, même d'un mot, ramener sa pensée,
Mais grossir lentement ma douleur amassée,
Et quand j'ai le cœur plein, sortir au désespoir,
— Sortir,—pour que peut-être elle songe, le soir,
Que je fus bien distrait, bien ennuyé près d'elle,
Pour que je lui paraisse un ami peu fidèle,
Et que, si quelque absence un jour nous séparait,
A m'oublier longtemps elle ait moins de regret ;
Vivre ainsi, se gêner, mentir à ce qu'on aime ;
Enchaîner cet aveu qui vole de lui-même ;
Mordre sa lèvre en sang, pétrifier ses yeux ;
En pâlir, en mourir,....—et sentir que c'est mieux !

III (*).

Oh ! que son jeune cœur soit paisible et repose,
Que rien n'attriste plus ses yeux bleus obscurcis !
Pour Elle le sourire ou les larmes sans cause !
    Pour moi les vrais soucis !

Pour moi le sacrifice et sa brûlante veille,
Le silence et l'ennui de ne rien exprimer,
Comme au novice amant qui croit que c'est merveille
    Qu'on puisse un jour l'aimer !

Pour moi, lorsqu'en passant son frais regard m'attire
Et dit avec bonheur : *Ami, ne viens-tu pas?*
Pour moi, comme un fardeau, d'hésiter à lui dire
    Mon cœur et ses combats ;

De moins souvent mêler mon haleine à la sienne,
Et le soir, à l'abri du monde et des rivaux,
De n'oser éclairer sa tendresse ancienne
    A des rayons nouveaux !

Pour moi de ne plus lire à sa face pâlie
Les signes orageux d'un céleste avenir !
Pour Elle les trésors de la mélancolie,
    La paix du souvenir ;

Le bonheur souverain de gouverner une âme,
De la sentir, à soi, muette, à son côté ;

(*) Fait non pour elle directement, mais dans sa pensée, et en déguisant
la couleur de ses yeux ; ce devait être mis dans un roman.

Des gazons sous ses pas, et son pur front de femme
    Dans la sérénité ;

Un sommeil sans remords avec l'essaim fidèle
Et les songes légers d'un amour sans effroi !
Amour ! abeille d'or ! ô tout le miel pour Elle ,
    Et l'aiguillon pour moi !

IV.

L'ENFANCE D'ADÈLE.

> Tout se passe au fond de notre cœur, et c'est
> notre cœur seul qui donne à tout l'existence et
> la réalité.
>
> BALLANCHE.

Elle est là , mon Adèle, oh ! je me la figure ,
Elle est là , je la vois, dans la vague posture.
D'une femme qui rêve , étendue à demi ;
Le sombre époux l'enferme , elle rêve à l'Ami ;
Elle se dit qu'il l'aime et qu'il n'aime rien qu'elle ,
Qu'il veille obstinément sur l'amante fidèle ,
Qu'il l'avertit de vivre et de tout espérer,
De ne plus obscurcir ses doux yeux à pleurer,
Mais de s'ouvrir d'avance à la saison heureuse ;
Que l'amour patient , à petit bruit , se creuse
Mille détours certains par où va son ennui ,
Qu'obstacles et soupçons , tout s'use devant lui ,
Et qu'en un cœur désert tarit la jalousie
Plus vite qu'en deux cœurs ses torrents d'ambroisie.
Le regard du jaloux s'aveugle en quelques jours ;
Les amants se font signe et s'entendent toujours.
Voilà ce qu'elle songe, ô mon Adèle aimée ;
Et son front s'éclaircit , et sa joue enflammée
Se tempère; un air pur rend la vie à son sein ;
Sa tête penche et flotte au velours du coussin ,
Blanche sur cette pourpre , indolemment sereine ,
Et comme on nous a peint Didon, la belle reine.

Et cependant combien, sous ces brillants cheveux,
Sous ce front d'où s'enfuit tout nuage orageux,
Sous ce double réseau des paupières baissées
D'où scintillent au bord les pleurs et les pensées,
Combien, sous cet aspect d'un calme recueilli,
Sous ce voile ondoyant d'espérance et d'oubli,
Avec ces airs distraits, cette démarche oisive
Faite pour s'égarer au penchant d'une rive,
Ces beaux pieds réservés aux tissus les plus doux,
Sinon aux baisers nus d'un amant à genoux,
Combien, sous ces trésors et leurs fraîches merveilles,
D'affreux tourments déjà, combien d'ardentes veilles!
Car l'amour forcené, pauvres femmes, vous prend,
N'importe où, vierge, épouse ou mère, allant, courant
Théâtre et bals, assise au foyer domestique (*),
Et malgré vos remords, vos cris, folle ou pudique,
Vous enlace cent fois et vous tord dans ses nœuds!
Mais que c'est pis sous l'œil d'un maître soupçonneux,
Adèle! tendre agneau! que de luttes dans l'ombre,
Quand ton lion jaloux, hors de lui, la voix sombre,
Revenait usurpant sa place à ton côté,
Redemandait son droit, sa part dans ta beauté,
Et qu'en ses bras de fer, brisée, évanouie,
Tu retrouvais toujours quelque ruse inouie
Pour te garder fidèle au timide vainqueur
Qui ne veut et n'aura rien de toi que ton cœur!

Va! je te sens, Amie; et ton secret supplice,
Tes torrents refoulés, silence, sacrifice,
Mystère inaccompli qui gêne à renfermer,
Vœux, soupirs, sein brûlant en proie au mal d'aimer,

(*) Se rappeler Théocrite, Idylle II, vers 135.

Paupière appesantie, immense, ouverte à peine,
Mariant sa noirceur à des sourcils d'ébène,
Larmes fixes luisant dans des yeux embrasés,
Lèvre aride ayant soif d'aveux et de baisers,
Puis les sensations d'étincelles errantes,
Tout le sang qui fourmille et des langueurs mourantes.....
Va., je te sais, Amie; au prisme de ma foi,
Au miroir de mon cœur, je te contemple en moi;
Absent, j'ai là ta vie illuminée et peinte;
Là, nuit et jour, j'entends chaque pas, chaque plainte,
Et tu ne peux rien dire, imaginer, sentir,
Qui n'y vienne à l'instant briller ou retentir.
Ainsi, quand, notre espoir, ta tante l'Espagnole,
Qui connut trop l'amour pour l'estimer frivole,
Arrive, t'apportant un message adoré,
Je crois te voir bondir comme un faon altéré,
La presser, l'embrasser, et, si de chambre en chambre
Elle fuit, tu la suis tremblant de chaque membre,
Comme ce faon suivrait dans les bois de Windsor
Sa mère, implorant d'elle un peu de lait encor.
Ce que j'ai dit, ce que j'ai fait, et mon visage
Et mon accent, s'il a semblé de bon présage,
Tu veux tout; pour te plaire il faut tout repasser,
Et, quand on a tout dit, tu veux recommencer.
N'est-ce pas vrai, dis-moi? dis si mon cœur devine
Et ton âcre insomnie, et ta joie enfantine,
Et durant les oublis, aux instants les meilleurs,
Ton souris négligent égaré dans les pleurs.
Non, tant d'amour n'est pas de ces tièdes contrées,
Paris ne mûrit point ces passions sacrées;
Son soleil est trop froid et son monde trop vain.
Femme, où donc as-tu pris ta part du feu divin?
Où posa ton berceau? quel soleil d'Idumée
Féconda longuement ton enfance embaumée,

Et du plus chaud arôme et du plus doux poison
Couva le sourd mélange au fond de ta raison ?
Où naissent les beautés pareilles à la tienne ?
Où sont les pas traînants, l'allure ionienne,
Les noirs cheveux lustrés sur un col obscurci,
L'œil aigu d'épervier armant un fier sourcil,
— Oui, d'un jeune épervier qui s'étonne et se dresse,—
Tout le reste ineffable en douceur et paresse ?
Où sont tes sœurs enfin ? je me le dis souvent.
Un jour, un voyageur revenu du Levant,
A ton type hardi crut voir une Maltaise.
Moi, ton âme plutôt me dit sainte Thérèse,
Trop tendre, et s'immolant, et, le corps consumé,
Jonchant la dalle humide aux pieds du Bien-aimé ;
Ou Celle, — Celle encor du couvent près du Tage,
Qu'un regard d'étranger atteignit au passage,
Et qui, depuis ce jour où vola son aveu,
N'adora que l'ingrat à l'autel de son Dieu (*).
Mais pour qu'en tout ceci tu sois juge suprême,
Je te vais raconter ton enfance à toi-même.

Quoi qu'il semble d'abord, elle est née à Paris.
D'un lait paisible et doux ses premiers ans nourris,
Tous pareils, n'eurent point de couleur ni de nombre ;
Les gouttes, sans compter, passaient, glissaient dans l'ombre ;
Avant de luire au jour, l'onde s'amoncela ;
Avant d'étinceler, le beau fruit se voila.
La Rêveuse, longtemps muette, enveloppée,
De chants intérieurs n'eut point l'âme occupée,
Et ses pleurs éternels qu'en vain l'on essuyait
Disaient que quelque chose en elle s'ennuyait.

_____

(*) La Religieuse portugaise.

Seulement au berceau de l'enfance pleureuse
Une mère veillait, de sa fille amoureuse,
Et, calmant chaque fois les ennuis apaisés,
Faisait tous ces sanglots expirer en baisers;
Baisers, fureur de mère, ardeur qui rassasie,
Et, pour mûrir un cœur, vaut les soleils d'Asie!
Le reste peu riant, et sévère alentour:
Une maison d'État, — front terne, vaste cour,
Longs corridors menant aux salles de justice,
Où l'on ne peut marcher qu'au loin ne retentisse,
Comme d'un bruit de flots, le pavé gémissant;
Des escaliers croisés, jamais n'aboutissant;
Un jardin sans fraîcheur et de peu de verdure,
Côtoyant longuement l'enceinte qui le mure;
— C'eût été là le lieu de tes premiers ébats;
Mais, nonchalante Enfant, toi, tu ne jouais pas.
Aux groupes turbulents où t'appelait ton frère,
Tu préférais la chambre et ne pas te distraire;
Et te sentant déjà le cœur plus contristé
Les jours de grand soleil et de joyeux été,
Lente et gauche à l'aiguille, aux atours insensible,
Egarée à poursuivre une idée indicible,
— Une lèvre en avant, comme pour s'adresser,
— L'œil fixe, la paupière oubliant de glisser, —
Tu demeurais ainsi, tant que dans ce silence
Mille pleurs débordés te faisaient violence!
Qu'avais-tu donc, Enfant, et que regardais-tu? —
D'enfance, mon Adèle, — elle n'en a pas eu;
Elle n'a point connu la gaîté matinale,
Mêlé sa jeune voix aux chants que l'aube exhale,
Pillé la haie en fleurs et le premier fruit mûr,
Ou bondi, blanc chevreau qu'enivre un lait trop pur.
Ce temps-là fut pour elle un long vide, une attente;
Nul prélude en son être avant l'heure éclatante;

Rien n'y devait briller qu'à la haute clarté,
Et la grâce elle-même attendit la beauté.

Parfois c'est un rideau de pluie et de nuages
Qui voile ainsi l'aurore aux profonds paysages,
Pour leur ouvrir bientôt plus de ciel et d'azur.
Parfois quelque forêt, du front d'un mont obscur,
Domine la vallée au levant, l'environne,
Et prolonge la nuit sous sa morne couronne.
L'ombre est froide à porter, l'eau ruisselle au gazon,
Tant que l'astre n'a pas gravi son horizon;
Mais, dès qu'il l'a gravi, sa lumière jalouse
Ne souffre déjà plus les jeux sur la pelouse;
Et c'est l'heure, au logis, du travail commencé,
Du livre à lire seule et du store baissé.

Et l'Enfance s'en va, jusqu'au bout contenue,
Ignorant sa corbeille à son épaule nue,
Et n'en laissant tomber sur l'âge qui la suit
Que l'ingénuité dont le parfum survit.

Les souvenirs d'alors sont une vague histoire;
De ces temps mon Adèle a peu gardé mémoire;
Elle sait que de place elle a changé deux fois,
Qu'elle fut en Bretagne, à Nantes, quelques mois:
Mais le port, les bateaux dont la mer est semée,
Les bords épanouis de la Loire animée
Glissèrent, et son âme à peine s'y tourna.
A Naples, où plus tard sa mère l'emmena,
Ce fut le même oubli, la même indifférence;
Le spectacle des lieux la laissa comme en France.
Elle ne marquait pas ce curieux désir,
Illusion d'enfant, de vouloir tout saisir.
Les lacs, les cieux profonds, leur lumière éternelle,

Se mêlaient sans étreinte à sa vague prunelle,
Et rien ne s'y fixa que, le long des chemins,
D'avoir vu, tout un jour, les têtes et les mains
Des brigands du pays, victimes démembrées,
Qu'un vainqueur étalait à l'effroi des contrées.
Ses yeux prirent dès lors un air d'étonnement,
Son visage romain rêva plus gravement,
Et quand on atteignit Naples la fortunée,
Où son père attendait notre Adèle étonnée,
Dès qu'on fut de voiture au logis descendu,
Elle, distraite encor, le regard suspendu,
Déjà dorée au front et l'épaule brunie,
Par instinct, tout d'abord, de naïve harmonie,
Et pour songer à l'aise en ces lieux étrangers,
Alla droit au jardin sous un bois d'orangers.

Aux plus sereins moments de mes heures profondes,
J'ai discerné toujours en celui-ci deux mondes :
D'un côté, les objets, les formes, les couleurs ;
Ce qui saisit les yeux et répand l'âme ailleurs ;
Les climats enchantés, les fleurs que la Nature
Tresse en mille façons aux plis de sa ceinture ;
L'Art, debout, radieux avec ses monuments,
L'Histoire et du passé les retentissements,
Le Siècle, ce qu'il a de haut ou de frivole ;
Voir et savoir enfin, appliquer sa parole
Et ses sens et son être aux choses du dehors ;
Jouir des lieux, des temps ; au drame humain d'alors
Avec grâce applaudir ou se joindre avec transes ;
Poursuivre, oiseau léger, l'éclat des apparences,
Et bien des fois déçu, tout froissé des filets,
Croire encore aux échos et voler aux reflets ;
A chaque mouvement où l'univers se joue
Se pencher, curieux, aux rayons de sa roue,

2

Même y porter la main jusqu'à s'en repentir ;
—D'un côté, tout cela ;— de l'autre, aimer, sentir !

Sentir et vivre en soi, n'avoir rien qui s'enlève,
Posséder son foyer, sa lumière et sa sève ;
Aller au fond d'abord, et sous ce monde-ci
En toucher un plus simple et par l'autre obscurci ;
Ne voir en nos Edens que voile et que nuages,
N'y pas regarder plus qu'aux grossières images
Qu'à sa mère l'enfant montre et fait admirer ;
Se taire, mal entendre, oublier, ignorer ;
Savoir, sans avoir vu, ce que tout signifie ;
Par la porte d'ivoire être entré dans la vie ;
Garder, loin des passants, le jour intérieur
Qui donne de bien loin sur un soleil meilleur ;
Et, sans se dissiper aux folles étincelles,
Sans heurter à la vitre et s'y briser les ailes,
Demeurer en son lieu, certaine du retour,
Et s'asseoir dès l'entrée en attendant l'Amour !

Ainsi dès leur enfance Adèle et ses pareilles.
— Nous tous, enfants émus d'un âge de merveilles,
Bercés sous l'étendard aux salves des canons,
Des combats d'outre-Rhin balbutiant les noms,
Nous avons souvenir de plus d'une journée
Où l'Empire leva sa tête couronnée ;
Quelque magnificence, une armée, un convoi,
Un *Te-Deum* ardent, la naissance d'un Roi ;
Et l'Empereur lui-même, au moment des campagnes,
Il passait dénombrant les aigles, ses compagnes ;
Du geste il saluait tout un peuple au départ,
Et, moi qui parle ici, mon front eut son regard !
—Adèle fut absente à ces pompes d'Empire,
Nul casque éblouissant n'attira son sourire,

Et l'âge entier d'airain ne put rien imprimer
En son âme noyée aux approches d'aimer.

Aime donc, n'attends plus, Enfant, et sois aimée;
Et puisqu'aux autres soins ton enfance est fermée,
Épanche ton amour,—vers ta mère d'abord;
Rends-lui tous ses baisers, pressentiment de mort;
Pends-toi bien à ce cou qui jamais ne se lasse,
A ce bras le plus pur qui jamais nous enlace;
Livre-lui tes cheveux peignés sur ses genoux
Pour qu'elle seule au monde y touche avant l'époux;
Marchant à son côté, sois heureuse, sois fière;
Hâte-toi, le mal vient et charge sa paupière;
Aime à dormir près d'elle, et pour elle à prier.
Adore le Dieu bon, aux petits familier;
Après un mois parfait de sainte obéissance
Et de redoublement de craintive innocence,
Ose au pied de l'autel, tremblante de ferveur,
Sur ta langue sans fraude appeler ton Sauveur :
Sincère volupté que toute âme a sentie!
Premier soupir d'un cœur, première Eucharistie!
Aime encor, c'est le temps avant les jours d'été,
Aime ta jeune amie, à la tendre beauté;
Incline ton doux front sur ses mains que tu serres,
Inonde-la souvent de tes larmes légères,
Bel ange qui s'en va, vierge de Raphaël
Qui déjà te chérit comme ta sœur du ciel.
C'est l'heure de l'aimer, car tu vois qu'elle passe (*).
Et toi, pour elle, après, tu n'aurais plus de place;
Bientôt un ami fort calmera les douleurs,
Séchera ta rosée et tes faciles pleurs.
Et remûra longtemps les romans de tes rêves,

(*) Cette amie d'enfance mourut jeune.

O sensible Clermont , ô Princesse de Clèves !
Aime-le donc aussi, lui ! c'était mon destin
De ne pouvoir, hélas ! couronner ton matin ,
Et ce passé d'ailleurs n'est plus rien que chimère ;
Aime-le ; puis ta fille , aime-la , jeune mère !
Oh ! oui, qu'importe ? eux tous , ensemble ou tour à tour,
D'un vague ou d'un profond ou d'un rapide amour
Aime-les ; en ton cœur fais-toi mille retraites ;
Ouvres-y les trésors de tes sources secrètes ;
—Oui,—pourvu qu'entraînant et torrents et ruisseaux ,
Notre amour soit le fleuve unique, aux larges eaux ;
— Oui ,—si tu m'aimes plus que l'ombre de l'amie ,
Que ta mère , martyre au cercueil endormie ,
Plus qu'un premier enfant ou qu'un suprême adieu ,
Que l'époux dans sa gloire , et ta fille , et ton Dieu !
— Oui , — si jusqu'à la mort , dans nos charmantes ruses ,
Aux plus divins moments de nos âmes confuses ,
Tu me redis , le front contre mon sein qui bout :
« Ami, j'ai tout senti, mais , toi, tu passes tout ! »

Assez , Adèle , assez , gardons nous du blasphème ;
Qu'un coin de ciel toujours luise aux regards que j'aime ;
Craignons de trop presser le sol où vont nos pas ;
Le voile humain est lourd , ne l'épaississons pas !
Si la pure vertu cache un moment sa joue ,
Que sa ceinture d'or jamais ne se dénoue ;
Qu'entre les sons brillants de l'enchanteur désir
L'éternel sacrifice élève son soupir ;
Que, tendre et pénitent , mélancolique , austère ,
Comme un chant de vigile au chœur d'un monastère ,
Ce soupir, triomphant des transports mal soumis ,
Nous apprenne à rester dans le bonheur permis !
En expiation d'une trop douce chaîne ,
Acceptons-en ce point de souffrance et de gêne.

Toi surtout ,—aie en toi des protecteurs cachés ,
Par qui d'un chaste effort aux âmes rattachés ,
Nous sauvions à ton cœur toute souillure amère ;
Fais-moi souvent aller au tombeau de ta mère.
Ma vertu vient de toi , j'ai besoin de soutien :
« Ami , conseillons-nous , m'as-tu dit , dans le bien ,
« Pour qu'en tous nos soucis et parmi nos orages
« La pureté se voie écrite à nos visages. »

9 août 1831.

V.

Trop longtemps de toi détachée,
Quand déjà ma marche empêchée
Tombait par les buissons, mourait sous les chaleurs,
Quand l'âme allait être tarie,
Par Toi, comme aux plus frais des soirs de rêverie,
Par Toi j'ai retrouvé les pleurs.

Quand, pour toute idole nouvelle,
Pour tout sectaire qui harcèle,
J'abandonnais l'étude et tant de morts chéris,
Par Toi ces maîtres d'innocence,
Charme de l'intervalle, asile de l'absence,
Par Toi m'ont doucement repris.

Quand, dans la querelle entamée
Et l'ambitieuse fumée,
La Muse, en se voilant, de moi se retirait,
Par Toi, d'une prompte clémence,
Sa voix, qui se taisait, tout d'un coup recommence,
Par Toi renaît son chant secret,

Plus secret que jamais, plus tendre,
Que la Gloire ne peut entendre,
Mais que l'Amour écoute, en nous disant tout bas
Quelle belle, un jour, consolée
(Quand nous ne serons plus) nous lira dans l'allée
Où plus d'ombre retient ses pas.

Et s'il survient, par aventure,
Quelque indiscret dans sa lecture,

Elle rougit, pourtant n'ayant rien à cacher;
    Car, loin de toi, quand aux doctrines
De volupté sans frein ou d'ardentes ruines
    Toute mon âme allait pencher,

    Par Toi désormais réparée,
    Ma poésie, encor sacrée,
A peint notre amour même ici bas orphelin !
    Par Toi l'on pleure et l'on pardonne;
Et de nos premiers ans cette sainte couronne,
    On la rêve à notre déclin.

VI.

SONNET.

Que vient-elle me dire, aux plus tendres instants,
En réponse aux soupirs d'une âme consumée,
Que vient-elle conter, ma folle Bien-aimée,
De charmes défleuris, de ravages du temps,

De bandeaux de cheveux déjà moins éclatants?
Qu'a-t-elle à me montrer sur sa tête embaumée,
Comme un peu de jasmin dans l'épaisse ramée,
Quelques rares endroits pâlis dès le printemps?

Qu'a-t-elle? dites-moi; fut-on jamais plus belle?
Le désir la revêt d'une flamme nouvelle;
Sa taille est de quinze ans, ses yeux gagnent aux pleurs;

Et, pour mieux couronner ma jeune Fiancée,
Amour qui fait tout bien, docile à ma pensée,
Mêle à ses noirs cheveux quelque neige de fleurs.

1er septembre 1831.

VII.

A AD...

Oh ! ne les pleure point ces lettres inquiètes
Qu'il te faut, pauvre Amie, à tes heures secrètes
Dévorer en tremblant et vite anéantir ;
Ne désire jamais t'y plus appesantir.
Ce qu'en mots égarés tour à tour je t'envoie
D'épanchement amer, de tristesse ou de joie,
Prends-le, — puis brûle, oublie, et, si c'est un trésor,
Mon âme intarissable en peut donner encor.
L'arbre est là, fais un signe, et les fleurs trop heureuses
Sur chacun de tes jours vont pleuvoir plus nombreuses.
Vis donc, et laisse aux vents aller chaque débris.
— Et ces pages, vois-tu, qu'aiment tes yeux chéris,
Plutôt qu'un coin les cache à loisir conservées,
C'est mieux pour moi, c'est mieux, qu'aussitôt arrivées,
Tu les lises, émue, — en une heure cent fois, —
Humides de mes pleurs, brûlantes sous tes doigts ;
Que l'effet s'en imprime en images plus tendres ;
Que, tièdes de ton sein, elles volent en cendres ;
Et que dans ta mémoire, adorable tombeau,
Le sens, ainsi qu'une âme, échappant au flambeau,
Survive pur et flotte entouré d'auréoles,
Et retrouve par toi de plus fraîches paroles.
Au lieu d'un froid tiroir où dort le souvenir,
J'aime bien mieux ce cœur qui veut tout retenir,
Qui dans sa vigilance à lui seul se confie,
Recueille, en me lisant, des mots qu'il vivifie,
Les mêle à son désir, les plie en mille tours,

Incessamment les change et s'en souvient toujours.
Abus délicieux ! confusion charmante !
Passé qui s'embellit de lui-même et s'augmente !
Forêt dont le mystère invite et fait songer,
Où la Réminiscence, ainsi qu'un faon léger,
T'attire sur sa trace au milieu d'avenues
Nouvelles à tes yeux et non pas inconnues !

4 septembre 1831.

VIII.

RÉCIT.

—

A ADÈLE.

> . . . . io mi son un che, quando
> Amore spira, noto, e a quel modo
> Ch'ei detta dentro, vo significando.
> DANTE, *Purg.*, c. xxiv.

Pour combler nos ennuis, pour consoler l'absence,
Pour tâcher que d'Amour l'implacable puissance,
Au récit des douleurs qu'il put seul enflammer,
Fasse trêve à sa rage et se laisse charmer;
Pour offrir à ton âme un soin qui l'alimente
Et porter quelque miel à tes lèvres d'amante,
Adèle, tu t'es dit de m'écrire à loisir
L'histoire de ton cœur, l'ordre où chaque désir,
Où chaque émotion à temps y vint éclore;
Comment s'accrut ce feu qui maintenant dévore,
Quelle grâce en naissant, quelle humide lueur,
Tendre éclat du matin, innocente chaleur:
Amitié toujours vive et jamais définie;
Abandon et devoir, plénitude, harmonie;
Tes enfants, leurs baisers, un époux glorieux,
Mon visage assidu, délices de tes yeux;
Un composé flatteur où, sous la règle austère,
Vaguement se glissait une part de mystère,
Assez pour animer sans trouble et sans effroi

Chaque heure de tes jours, — trop peu déjà pour moi !
Alors tu me diras par quelles étincelles,
Par quel subtil éclair de mes regards fidèles,
Par quels pleurs de ma voix que j'étouffais en vain,
Mon secret commença de couler dans ton sein,
Et ton étonnement suivi de tant de joie,
Et la première atteinte, ô ma charmante Proie !
Tandis qu'ignorant tout et rebelle à l'espoir,
De peur d'aigrir mon mal, j'évitais de te voir. —
Et quand ma folle erreur, un moment gracieuse,
Entre nous deux bientôt fatale et soucieuse,
Grandit, se fit ombrage, et, d'un air de raison,
M'entraîna hors de toi chercher la guérison,
A ce coup insensé qui déchirait la trame,
Ton éveil en sursaut, calme et paisible femme,
Toi jusqu'alors égale et d'entière beauté,
Depuis huit ans assise en ta félicité, —
Ton cri hagard, la foudre éclatant dans ton rêve ;
L'amertume du philtre et la douleur du glaive ;
Ton pauvre cœur jaloux, de soupçons s'ulcérant ;
L'incendie effréné par les veines errant ;
Pour toi plus de sommeil ; tes paupières chargées ;
Sous leurs cheveux pâlis les tempes ravagées (*) ;
Ce doux front qui baignait aux purs rayons du ciel,
Et virginal encor dans l'aspect maternel,
Sillonné tout à coup d'un reflet de délire ;
Ces six mois de tourments, toi seule peux les dire ;
Toi seule aussi tu peux dire les jours meilleurs,
Ta clémence, et le bien que te firent mes pleurs ;
Torrents d'émotions si fortes, si pressées,
Que ni savant blanchi sur les choses passées,
Ni pèlerin sublime, illustré de revers,

(*) THÉOCRITE, Idylle II, vers 85.

Sans relâche affrontant l'orageux univers,
Ni conquérant rapide, âme de vingt armées,
Nul de ceux dont les noms gagnent des renommées,
Qu'il ait couru le monde ou l'ait pris et changé,
N'a tant senti que toi qui n'as jamais bougé !

Oui, tu m'écriras tout, féconde et naturelle,
En ta langue coulante où rien ne fait querelle ;
Je l'attends et j'y compte, et d'avance en retour
A mon propre miroir je te peins notre amour ;
Je te le peins en moi, tel qu'il fut, tel qu'il aime ;
Heureux si mon récit et le tien sont le même !

Moi, vois-tu (ne ris pas, le mot est sérieux),
Adèle, à mon midi, déjà je me sens vieux ;
Je le sens à ce cœur qui se fixe et s'élève,
A cet esprit plus mûr, aux lenteurs de ma sève,
Au tour humble et sévère où tendent volontiers
Les débris résignés de mes penchants altiers ;
A cette intelligence, il est vrai, plus lucide,
Sans vapeur fantastique et sans foudre homicide,
Mais d'où mon bon soleil à chaque heure s'enfuit,
Et dont le clair cristal frissonne avant la nuit ; —
Je le sens bien souvent à ma tête qui pèse,
Aux cheveux dont ma main, qui s'y baignait à l'aise,
Ramène sur mon front quelque anneau dispersé,
A mon sourire aimant qu'une ride a gercé,
Au gémissement sourd, unanime, à voix basse,
De quelque chose en moi qui s'affaisse et se lasse.
D'où vient cette fatigue ? et pourquoi donc sitôt ?
— D'amers plaisirs d'un jour m'ont-ils valu ce lot ?
— Dans mon illusion, ai-je de trop bonne heure
Tenté l'impénétrable au seuil de la demeure,
Demandé l'éclat vif à nos verres obscurs

Et la fresque idéale aux parois de nos murs ?
— En ce concert grossier, mon âme trop hardie,
Le prenant sur un ton de haute mélodie,
Quand tout pleure et tout gronde et tout crie à la fois,
A-t-elle, en la forçant, cassé sa frêle voix?
— Ai-je, en entrant, heurté les régents de notre âge (*)?
Plusieurs ont-ils compris mon généreux outrage?
Et moi, qui tiens toujours après avoir osé,
Dans mon stoïque effort me suis-je enfin brisé?
— Peut-être tout cela ! — mon tendre amour lui-même,
Son fardeau de bonheur accablant et suprême,
Cette attente éternelle au-delà du présent,
Patiente, immobile et sobre, et se disant
Que la privation, l'absence, les années,
Ne font qu'éprouver mieux les âmes destinées ;
Tout ce qu'en notre exil cet oracle béni
Apporte incessamment d'auguste et d'infini,
De mortel aux désirs, d'angélique pour l'homme,
— C'est assez pour hâter l'instant qui nous consomme !
Adèle, aujourd'hui donc mon être est achevé ;
Je ne cours plus, je vais lentement, j'ai trouvé !
A d'autres la fraîcheur de la brise inquiète,
Les voyages brillants, gai butin du poète,
Et la lyre abondante aux accords superflus !
La jeune Invention ne me visite plus ;
Avant de leur revoir leurs ailes nuancées,
J'ai besoin de couver bien longtemps mes pensées,
De recueillir mes jours en cet unique emploi,
Et de me souvenir, chère Adèle, de toi.
Ainsi, fervente encor, sans regagner l'ivresse,
Ma Muse à te chanter s'applique avec tendresse.

(*) On croit sentir passer sous cette qualification quelques-uns de no:
chefs doctrinaires et universitaires.

Je m'y plais, j'y séjourne et m'y fais un abri ;
Et ceci, dans mon chant, quelquefois m'a souri,
Qu'après ces soins pieux de s'aimer, de s'écrire,
Nous, passagers en deuil, chacun dans son navire,
A l'heure inévitable où rouleront sur nous
La tempête funèbre et le gouffre jaloux,
Quelque flacon scellé, revomi par l'abîme,
Sauvera nos deux noms, leur alliance intime,
Notre double mémoire aspirant à s'unir, —
Tout ce qu'absout toujours l'indulgent avenir !

Quand je te vis d'abord, qui l'eût dit ? Jeune sage,
Austère et rougissant, cœur malade et sauvage,
Poursuivant dès l'enfance un être inespéré,
Mais sans désir certain, sans objet déclaré ;
Sensible à toute femme et ne rêvant pour mienne
Que quelque belle vierge obscure et plébéienne
Et pauvre comme moi ; le rêvant par fierté,
Par chimérique vœu de sainte égalité,
Parce qu'ainsi l'avaient pratiqué dans leur vie
Ces chastes Girondins qu'à vingt ans on envie (*) ;
— Tel j'étais, — pur, ardent, idolâtre avant tout
De ces âpres vertus, voisines du dégoût,
En gravant dans mon sein l'image réservée,
Pour opposer un culte à l'époque énervée ;
Trop à l'étroit moi-même, et sans possible essor ;
Avide étudiant, poète à naître encor,
Et n'ayant jusque-là fait d'ode ou d'élégie
Qu'en article au journal après ma chirurgie.
Ce journal, toutefois, ce *Globe* sérieux
Où, mes jours de loisir, j'écrivais de mon mieux,

(*) Il y aurait peut-être à épiloguer sur cette qualité de *chastes* attribuée
aux Girondins ; mais tout est relatif, et le poète à vingt ans les voyait ainsi.

C'était l'issue ouverte à mon âme importune :
Des auteurs du moment j'y marquais la fortune,
Et l'éloge naïf, le blâme courageux
Exerçaient ma candeur enflammée à ces jeux.
J'osais fronder en plein les modes usurpées,
Sur les banquets flatteurs suspendre des épées,
Rompre les succès faux et le laurier qui ment ;
Et ce qu'aussi j'aimais, je l'aimais hautement ;
J'admirais comme un frère, avec joie, avec larmes ;
De mes plus belles sœurs je dénonçais les charmes ;
Et, sous la moquerie ou les dédains muets,
Plusieurs me semblaient grands, et je les saluais.
Ainsi je fis pour Lui, qu'on raillait comme étrange :
Ce qu'il chantait de simple à ta douce louange
Se répéta surtout dans mes échos ravis ;
De là je le connus, et de là je te vis.
— En entrant je la vis, ma future maîtresse,
A côté du génie un peu reine et déesse,
En sarrau du matin, éclatante sans art,
M'embarrassant d'abord de son fixe regard.
Et moi qui d'Elle à lui détournais ma paupière,
Moi pudique et troublé, le front dans la lumière,
J'étais tout au poète ; et son vaste discours,
A peine commencé se déroulant toujours,
Parmi les jets brillants et l'écume sonore,
Comme un torrent sacré que le pasteur adore,
Faisait flotter sans cesse et saillir à mes yeux
Dans chaque onde nouvelle une lyre des dieux ;
Et mon choix fut rapide, et j'eus ma destinée ! —
Debout la jeune épouse écoutait enchaînée ;
Et je me demandais quel merveilleux accord
Liait ces flots grondants à ce palmier du bord.
Puis elle se lassa bientôt d'être attentive ;
Sa pensée oublieuse échappa sur la rive ;

Ses mains, en apparence, au ménage avaient soin ;
Mais quelque char ailé promenait l'âme au loin,
Et je la saluai trois fois, à ma sortie,...
Elle n'entendait rien, s'il ne l'eût avertie.

O vous, vers qui j'aspire et dont j'ose à mon tour
Baiser la blanche robe, — ô maîtres en amour ! —
Nos Virgiles, à nous, en haute poésie,
En gravité suave, en chrétienne ambroisie ;
Aïeux du grand Milton, qui, sous leur pâle éclair,
Laissez, sans les bénir, Hamlet avec Werther,
Dont Lara ni René n'ont l'haleine divine,
Et qu'aiment Manzoni, Wordsworth et Lamartine ;
O vous, Dante, Pétrarque, harmonieux amants,
Qui nous avez noté vos plus secrets tourments,
Et peint dès le bouton vos fleurs adolescentes
Et la tendre verdeur de vos palmes décentes ;
Vous qu'éclaira soudain votre objet nompareil
Comme au matin d'avril un lever de soleil,
Et qui solennisez l'an, et le mois, et l'heure,
La minute où le Dieu mit en vous sa demeure,
Dites, comprenez-vous ce présage, et pourquoi
Il fallut l'avertir et la tirer vers moi ;
Pourquoi ce fut ainsi durant deux ans peut-être,
Nos regards s'effleurant sans qu'amour en pût naître ;
L'un pour l'autre incertains ; Elle animée ailleurs,
Distraite, et m'honorant parfois entre plusieurs ;
Moi rien qu'à Lui, dévot à sa lyre sacrée ;
Trouvant là, sous son aile, Arqua, Tibur, Ascrée,
L'univers ; — et d'en bas révérant le fruit d'or
Que l'ombrage profond lui gardait en trésor !
Dites pourquoi ce fruit, dans son attrait sévère,
Aux instants où le cœur nomme un nom qu'il préfère,
M'aurait paru de loin comme un trop fier présent ;

5.

Pourquoi sur ce front digne, à ce tour imposant,
Je rattachai si tard la grâce souveraine ;
Et comment toujours pris aux buissons de la plaine,
Aux sentiers du vallon, à pas lents je montai
La colline de grande et sereine beauté ! —
Certes, c'était chez moi moins vertu que faiblesse.
La Muse, en me touchant, me baigna de mollesse ;
Mon âpreté de sage, attiédie aux zéphirs,
Laissa du premier jour courir tous mes désirs ;
Ma raison oublia de régner davantage.
Ainsi c'était faiblesse, inconstance, partage,
Tendresse qui chantait quelque volage espoir,
Et ne savait, hélas ! lancer ni recevoir
L'étincelle rapide et de foudre mêlée,
D'où prend feu sur son char l'âme au ciel envolée.
Tout me vint de l'aveugle habitude et du temps.
Au lieu d'un dard au cœur, comme les combattants,
J'eus le venin caché que le miel insinue ;
Les tortueux délais d'une plaie inconnue,
La langueur irritante où se bercent les sens ;
Tourments moins glorieux, moins beaux, moins innocents,
Mais plus réels au fond pour la moelle qui crie
Qu'une resplendissante et prompte idolâtrie ;
Un amour plus infirme en naissant, et plus dur
A contenir ensuite au type chaste et pur (*) !...

Pourtant un jour (déjà bien près de deux années
Avaient distrait sans but mes fautes entraînées ;

(*) On sait les vers de Molière dans *la Princesse d'Élide* (Acte I, scène 1) :
    Ah ! qu'il est bien peu vrai que ce qu'on doit aimer,
    Aussitôt qu'on le voit, prend droit de nous charmer,
    Et qu'on premier coup d'œil allume en nous les flammes
    Où le Ciel, en naissant, a destiné nos âmes !
et les suivants.

Déjà j'avais en vers chanté ton Epoux-roi,
Ton nouveau-né d'alors, mais rien encor sur toi)
Un jour, comme j'entrais vers l'heure de trois heures,
Chers instants consacrés et qu'aujourd'hui tu pleures,
Il venait de sortir ; tu voulus, je m'assis ;
Nous suivîmes longtemps je ne sais quels récits,
Mais qui me tenaient moins que ta langueur chargée,
Ta beauté si superbe et toute négligée,
Laquelle encor baignant aux voiles de la nuit,
Entr'ouvrait au soleil et la fleur et le fruit :
Tel, en un val ombreux, sur la pente boisée,
Un narcisse enivrant garde tard la rosée ;
Tel, aux chaleurs d'été, sur les étangs dormants,
Au pied des vieux châteaux peuplés d'enchantements,
Au sein des verts fossés, aux pleins bassins d'Armide,
Nage un blanc nénuphar dans sa splendeur humide.
J'osai voir, j'osai lire au calice entr'ouvert ;
J'osai sentir d'abord ce parfum qui me perd ;
Pour la première fois, le rayon qui m'éclaire
Fit jouer à mes yeux un désir de te plaire,
Frêle atôme tremblant, presque un jeu d'Ariel,
Mais devenu bientôt monde, soleil et ciel.
Ta beauté dans l'oubli dévoilait sa lumière.
Un moment, au miroir, d'une main en arrière,
Debout, tu dénouas tes cheveux rejetés :
J'allais sortir alors, mais tu me dis : *Restez!*
Et, sous tes doigts pleuvant, la chevelure immense
Exhalait jusqu'à moi des senteurs de semence (*).
Armée ainsi du peigne, on eût dit à la voir,
Une jeune Immortelle avec un casque noir (**).

(*) Iliade XIV, vers 174 et suiv., toilette de Junon.

(**) C'est à peu près le vers d'Alfred de Musset dans les *Contes d'Espagne et d'Italie.*

Telle tu m'apparus, d'un air de Desdémone,
O ma belle Guerrière ! et toute ta personne
Fut divine à mes yeux. Depuis ce jour, tout bas....
. . . .
Qu'est-ce ? j'allais poursuivre et dire les combats,
Les désirs étouffés, les ardeurs et les larmes ;
Mais, tandis qu'au récit trop plein de sombres charmes
Lentement je reviens comme aux seuls biens cachés,
A travers les ennuis de mes jours empêchés,
Tandis que je reprends à de longs intervalles
Le tissu déployé des tristesses fatales,
Voilà que tout s'éclaire et tout change à la fois.
Quelques printemps de plus ont embelli les bois
Et préparé pour nous la charmille épaissie ;
— Pour nous ! — car ta prison s'est enfin adoucie,
Car lui, le dur jaloux, l'orgueilleux offensé,
S'est pris au piége aussi d'un amour insensé.
Il court après l'objet qui, nuit et jour, l'enlève ;
Et nous, prompts à jouir de chaque courte trève,
Nous courons non moins vite aux bois les plus voisins,
Comme en la jeune Idylle, ombrager nos larcins ;
Si bien, qu'au frais retour de nos marches fleuries,
Au seuil, où nous entrons, des blanches laiteries,
L'hôtesse, habituée à nous revoir tous deux,
Sourit et semble dire : « Ah ! ce sont les heureux ! »

—————

Printemps qui sitôt rachète
Les mois perdus et les ans !
Fraîcheur facile et parfaite
Au sortir des maux pesants !
Germes que la terre enfante,
Désirs dont l'âme s'enchante,
Après d'amères rigueurs !

Prompt oubli dans la vallée,
Source en nous renouvelée,
Rajeunissement des cœurs !

Hier la grêle et la tempête
Sur nous roulaient en éclats ;
Aujourd'hui nous avons fête
Dans la plaine des lilas (*).
La sève, un temps endormie,
Partout monte, ô mon Amie,
Et va féconder l'été.
Tes pleurs coulent, même signe ;
Comme les pleurs de la vigne,
Ce n'est que luxe et beauté.

Combien tient-il de jeunesses
Dans un seul cœur de mortel ?
Combien de fois les promesses
Nous font-elles arc-en-ciel ?
Jusqu'à ce que l'ombre règne
Et que la vieillesse éteigne
Ces flambeaux qu'Amour ornait ;
Jusqu'à ce que le mystère
De la tombe nous enserre
Sous le gazon qui renaît !

(La date de cette fin, à partir du vers : *Qu'est-ce ? j'allais poursuivre....*
est postérieure au moment des pièces suivantes ; ces promenades à la
Plaine des Lilas, à Romainville, doivent être du même temps à peu près
que le *Retour de Saint Mandé*, la pièce finale.)

(*) Probablement Romainville.

IX.

... glisser sur les pensées.

Mme DE SÉVIGNÉ.

Il est ici toujours, il ne part que demain ;
Si je le devançais ! si mon premier chemin
Me ramenait à Bièvre, au *Coteau de Chevreuse* (*),
Ainsi que l'a nommé ma langue aventureuse ;
Si nous recommencions dès le prochain soleil
Ces deux heures d'amour matinal et vermeil,
Dans ces bois, par le frais, bien avant qu'il arrive !...
Mais comment t'avertir à temps, pauvre Captive ?
Comment, sans hasarder mon visage connu,
Te donner le signal que je suis revenu ?
Tout message indiscret, une lettre essayée,
Risquerait un long trouble à ta vie épiée.
Non, non, je n'irai pas ; mieux vaut me contenir
Et rester dans l'absence à me ressouvenir.

Pourtant, après ma nuit à Versailles passée
A guetter aux carreaux si l'averse est chassée,
Si le ciel à la fin scintille, et si le vent
Travaille à raffermir le sol encor mouvant,
— Gai, jeune, — glorieux comme de mon ouvrage
D'une aurore si pure éclose de l'orage, —
Du cocher qui s'étonne, accusant la lenteur,
O dieux ! arriver là, descendre la hauteur
A pied, gagner d'abord l'église hospitalière,

(*) Ce n'est pas proprement le *coteau de Chevreuse*, mais bien la route qui mène à Chevreuse.

Et l'y trouver déjà toute seule, en prière !

— Viens, chère âme ; laissons ce lieu grave et sacré ;

Sortons (car c'est dimanche) avant qu'on soit entré ;

Prends mon bras. — Du logis tu t'es donc échappée ;

De sentier, en venant, tu ne t'es pas trompée ;

On te croit dans le parc au plus ; ces bonnes gens

Ne te connaissent pas des pieds si diligents.

— Mais pour fuir toute vue oisive ou soupçonneuse,

Cette voiture est mieux ; ma pâle matineuse,

Allons, montez ; et puis, le pays est plus beau

Au tournant du village, à ce joli coteau.

Je vous fais les honneurs. Installez-vous à l'aise,

Contre moi, mollement ; — nous sommes dans ma chaise ;

Je vous enlève au moins ; — et tu ne trembles pas,

Et ce sein apaisé se résigne tout bas ! —

Voici le bois pourtant, marchons ; — pâle couronne

Au feuillage mouillé, blanche clarté d'automne,

Fumée éparse au loin, vallon épanoui,

Tout cela, c'est à nous, c'est mon parc aujourd'hui ;

Je vous l'offre, Madame, et je vous y promène,

Heureux de vous y voir, ornement du domaine,

En négligé si doux : sous un schall le peignoir (*),

Folle dentelle au front sur les cheveux du soir ;

Et la marche toujours distraite, irrésolue;...

Et chaque paysan qui passe nous salue.

Vous voudriez plutôt, de ce sentier secret

Tenter la solitude... Eh ! qui ne le voudrait ?

Mais l'argile trempée à nos pas se refuse.

Donc, sans plus de rougeur, suivons, belle confuse ;

Il est encore au lit, le dangereux témoin ;

(*) Le poète affecte ces phrases incidentes absolues, qui sont familières à la conversation ; mais, dans le style écrit et en vers, cela peut faire embarras, obscurité.

Aux Roches on dort tard, et Paris est bien loin.
Va, renoue à loisir ces mots que tu commences;
Ayons, comme autrefois, nos discours, nos silences,
Et, fermés au dehors, vivons étroitement
De toutes les douceurs de ce rare moment.
Oh! oui, causons sans trouble et comme d'habitude
De nous, de notre amour, ma seule et vive étude,
De ces riens dont nos cœurs n'écoutent que l'accent.
Laisse-moi te louer de l'éclat renaissant
Que la marche et l'air libre et la grande lumière
Versent sur ta beauté, tout un an, prisonnière.
Si cet éclat fragile a tort de me ravir,
Mon idole est plus haut, et le temps peut sévir.
Dans ma fidélité guéri de ce qui change,
Autant que toi j'aspire... Elle douté... qu'entends-je?
Vite repentez-vous, et de vos doigts baisés
Essuyez à mes yeux ces pleurs que vous causez,
Et redites-moi bien, et jurez-moi vous-même
Que toujours vous serez cette Adèle que j'aime,
Amante de l'amour et de sa rude loi;
Que rien ne vous pourra désenchanter de moi;
Que, si, lui, le jaloux, plus tard redevient tendre, —
Que si, dans ce doux cœur, l'affliction s'engendre,
Si l'Ange de prière, assidu dans tes nuits,
Te touche plus souvent de son céleste buis;
— Ou quand la fille aînée, à genoux, immobile,
Éblouira l'autel dans sa blancheur nubile,
Pauvre mère, ce jour, ce soir-là, dans ses bras,
(Si nous vivons alors) — dis que tu m'aimeras!
— Et voilà qu'il est l'heure; il faut te reconduire;
Venons. Oh! pas d'adieu poignant et qui déchire!
— Que le retour est prompt! — Ici. — Donne ta main,
Et, sans savoir pour quand, faisons comme à demain.

5 octobre.

X.

Elle me dit un jour ou m'écrivit peut-être :
« Ami , tâchez pour moi de voir et de connaître
« Ces pauvres gens , ici nommés , dont on m'apprend
« Détresse , maladie, un détail déchirant.
« Allez , car dans ma vie et si pleine et si close
« Je ne puis ; mais sur vous, Ami , je m'en repose. »

Et j'allai , je courus avant le lendemain ;
Amour et charité n'étaient qu'un dans mon sein.
Je sus ce que c'était d'avoir au cœur des ailes ,
Et tout ce qu'on nous dit des tendresses si belles
Pour les pauvres du Christ ; les chercher, se hâter ;
Demander d'être esclave afin de racheter ;
Prendre un enfant infirme , un vieillard las de vivre ;
Partager un fumier avec ceux qu'on délivre ;
Oh ! oui, je conçus tout , et dans l'instant, mon Dieu ,
De mon flambeau chéri je reçus tout ton feu !
Oh ! pardonne , et ton Christ me pardonna, j'espère ,
Car à Toi, car à Lui, dans l'instant salutaire ,
Je fis tout remonter, et le divin éclair,
En traversant mon cœur, y consuma la chair.
J'arrivai, je trouvai ceux dont la faim m'appelle.
Eh ! que vis-je d'abord ? ô misère réelle !
Oh ! rien de gracieux et d'à plaisir rêvé ,
Et qu'un premier sourire a bientôt relevé !
Pas de front virginal incliné vers la mère ,
Pas de beaux cheveux blancs ! ô misère, misère !
Et pourtant, sous l'horreur des haillons amassés ,
Comme arbres tout entiers en racines poussés ,
Les vertus subsistaient depuis longues années ,

Trésor tel, qu'en retour des oboles données,
Contemplant les devoirs pratiqués sans fléchir,
Pour une Éternité j'avais à m'enrichir !
Depuis ce moment-là, redoublant d'amour tendre,
De chaste et pur amour où l'Ange peut descendre,
Pour Elle, pour qu'à bien ceci lui soit compté,
Je soigne la famille, et quand j'ai suscité
Un bienfaiteur de plus, quelque bonté de femme
Comme il en est encor, je me dis dans mon âme :
« C'est Elle sous ce nom, Elle qu'ils vont bénir
(Nos noms, même en leurs vœux, ne doivent pas s'unir !),
C'est Elle, sans savoir, que leur vive prière
Recommande surtout, c'est Elle la première,
Vigilante, invisible, et par qui Dieu voulut
Leur rouvrir son secours en cet humain salut ! »

La Charité fervente est une mère pure
(Raphaël quelque part sous ces traits la figure);
Son œil regarde au loin, et les enfants venus
Contre elle de tous points se serrent, froids et nus.
Un de ses bras les tient; l'autre bras en implore;
Elle en presse à son sein, et son œil cherche encore.
Quelques-uns par derrière, atteignant à ses plis,
Et sentis seulement, sont déjà recueillis.
Jamais, jamais assez, ô sainte hospitalière !
Mais ce que Raphaël en sa noble manière
Ne dit pas, c'est qu'au cœur elle a souvent son mal,
Elle aussi, quelque plaie à l'aiguillon fatal ;
Pourtant, comme à l'insu de la douleur qui creuse,
Chaque orphelin qui vient enlève l'âme heureuse !

Et nous pouvons ainsi sans blasphême, Elle et moi,
Toucher à ces objets de prière et de foi.
Souffrir et nous sevrer, aimer nos chemins sombres,

C'est là notre lot même en ce monde des ombres.
Les plus gais de nos jours et les mieux partagés
Sont ceux encore où seuls, et loin des yeux légers,
Dans les petits sentiers du lointain cimetière
Ensemble nous passons une heure tout entière.
En ce lieu qui pour nous garde des morts sacrés,
Nos pas sont lents et doux, nos propos murmurés;
Rarement le soleil, débordant sur nos têtes,
Rayonne ces jours-là; de nos timides fêtes
Les reflets mi-voilés ont gagné la saison :
C'est vapeur suspendue et tiède nuaison (*).
Si quelque veuve en deuil dans le sentier se montre,
Un cyprès qu'on détourne évite la rencontre.
La piété funèbre, errant sous les rameaux,
Donne au bonheur discret le souvenir des maux,
Le prépare à l'absence; et quand, l'heure écoulée,
On part, — rentré chacun dans sa foule mêlée,
On voit longtemps encor la pierre où l'on pria,
Et la tombe blanchir sous son acacia !

(*) Limes erat tenuis, longa subnubilus umbra.

OVIDE.

XI.

Nous sommes, mon Amie, aussi pleins d'innocence
Qu'en s'aimant tendrement le peuvent deux mortels ;
Ne t'accuse de rien ! Tes vœux purs dans l'absence
       Pourraient se suspendre aux autels.

Te vient-il du passé quelque voix trop sévère,
Redis-toi tout le bien qu'en m'aimant tu me fis,
Que par toi je suis doux et chaste, et que ma mère
       Me sent pour elle meilleur fils.

Tu n'as jamais connu, dans nos oublis extrêmes,
Caresse ni discours qui n'ait tout respecté ;
Je n'ai jamais tiré de l'amour dont tu m'aimes
       Ni vanité ni volupté !

XII.

Tantôt une vapeur où son âme est baignée
L'enveloppe au réveil et , toute la journée,
La tient, et jusqu'au soir prolonge un négligé
Où des grâces d'hier sa main n'a rien changé.
En vain elle s'est dit que la campagne est belle ,
Que l'air a des parfums, et qu'au dehors l'appelle
Promenade ou visite, ou qu'on doit recevoir
Un convive au logis; — debout à son miroir,
Et contemplant longtemps, d'une prunelle avide,
Dans les plaines du ciel l'espace le plus vide;
— Sa robe, tout d'un flot, tombant jusqu'à ses pieds (*); —
Levant vers ses cheveux à peine dépliés
Un bras voluptueux qui s'y pose et s'oublie,
Passant vingt fois l'eau pure à sa joue embellie
(Tant son soin est ailleurs !), — ou par soudains ébats,
Et d'un air de chercher, parcourant à grands pas
Ses chambres, et rangeant à des places meilleures
D'indifférents objets durant de vagues heures ;....
— Ainsi le jour s'écoule, et l'on vient ; il est tard,
Et la voilà surprise. — Oh ! dites, quel brouillard ,
Par un ciel si charmant, cache donc la vallée ?
Quel souffle éclaircira l'onde aux saules mêlée ?

Tantôt, dès le matin , au sortir des rideaux,
Vigilante, empressée, à des atours nouveaux
D'abord elle s'essaie, et ce sont des parures
Plein les tiroirs ouverts, et des choix de ceintures ,
Dentelles, bracelets et ferronnière d'or.
Sous ses mains assemblés, ses cheveux, noir trésor,

(*) Encore une phrase incidente absolue.

Qu'en arrière abondants un peigne altier redresse,
Au devant, par anneaux crépés ou qu'elle tresse,
S'épandent, ou s'en vont, simples bandeaux unis ;
Puis, la robe s'attache, et les choix sont finis ;
Et, comme pour l'éclat de toute une soirée,
On la voit, dès midi, radieuse et parée.
Qu'a-t-elle? quels projets sont les siens? et pour qui ?
— Fait-il ciel de printemps? le soleil a-t-il lui?
Je ne sais, et peut-être elle-même l'ignore.
— Viendra-t-il compagnie? Elle ne sait encore
Et ne s'en inquiète. — Oh ! d'autres chers désirs,
Éclos avant le jour et nés des souvenirs,
Ont chanté l'espérance à son âme éveillée.
De l'oiseau familier la voix sous la feuillée,
D'elle seule entendue, a chassé sa langueur :
Pour un hôte invisible, il est fête en son cœur.

XIII.

Un beau printemps qui fuit ! un été qui commence !
Derrière nous déjà le mois des plus longs jours !
Loin de la ville en deuil, arène de démence (*),
Chacun part et se fie à de meilleurs séjours.

On m'écrit : « Laissez là la politique amère ;
« Ce roi dans l'embarras vaut-il tant de courroux ?
« Prolétaire éloquent, un peu moins de chimère ;
« Vous avez votre part et nos bois sont à vous....

« Le château vous attend, ou, si c'est trop d'emphase,
« Le blanc châlet vous rit au front de la forêt.
« La mer baigne ses pieds ; chaque flot qui nous rase,
« Comme une ride au sable, ôte à l'âme un regret.

« Quand l'ouragan s'y lève, au ciel seul est la foudre !
« Océan et forêt, tout se courbe en ce lieu.
« Un trône humain sans vous saura bien se dissoudre :
« Dans ma tempête assis, venez causer de Dieu.

« Mes filles y seront, et des *Rouges-Fontaines*
« Nous irons tous revoir l'onde et le hêtre épais ,
« Non plus par les hasards des ronces incertaines ,
« Mais par les bords riants des sentiers que j'ai faits. »

— Eh ! non, je n'irai pas, — tant la ville inquiète
Me tient ! ni ce désert par Ulric embelli,
Ni l'antique Saint-Point, colline du poète,
Ni vous qui me priez, Madame, à Chantilly ,....

_____

(*) Année du choléra, du cloître Saint-Merry. — Juin 1832.

Pardon, je n'irai pas, dans ce Paris je reste.
Fièvre de politique, acharnement? — D'accord.
Certes, nos parvenus font leur règne funeste,
Et c'est mériter bien que de combattre encor;

Certes, pour qui rêvait de France souveraine,
Elle est pesante aux pieds, nauséabonde au cœur,
Depuis deux ans passés, la boue où l'on nous traîne
L'affront a réchauffé mon sang de vieux ligueur.

Mais le dégoût l'emporte, et, voyant peu l'issue,
Je fuirais vite aux champs, n'était que mon seul bien,
Celle que, ces deux mois, je n'ai pas aperçue,
Demeure ici toujours! Voilà le vrai lien,

Le lien douloureux que je baise avec larmes,
Qu'elle baise et bénit dans son amour sacré.
Le jaloux rôde en vain comme un voleur en armes;
Plus patient que lui, j'attends et je vaincrai.

J'attends, guerrier sauvage, à mon poste fidèle,
Jours et mois et saisons (*), immobile et caché;
Elle, au dedans, épie et me sent là près d'elle:
Couple au rocher d'amour dos à dos attaché!

Au tournant des longs murs, par la nef des églises,
Combien de fois je croise ou suspends mon chemin!
Collé contre un pilier, sourd aux heures précises,
L'œil pareil à la pierre : « Allons; c'est pour demain! »

Et demain comme hier, et pas plus de message!
Ainsi vont les printemps. Ne riez pas, ô Sage,

(*) *Jours et mois et saisons*, pris adverbialement et comme on dit *jou nait*.

Ni vous pour qui l'amour est tout délicieux !
Ne riez pas de moi ; ne m'offrez pas d'ombrage ;
Et vous qu'ont fascinés Naples et son rivage ,
Ne m'en peignez pas tant la lumière et les cieux !

Toujours l'aspect, toujours le cadre : où donc est l'âme ?
Pourquoi le frais Tibur sans Lydé qui m'enflamme ?
Chantilly sans Clermont (*) ; ombrages superflus !
Mais que je chérirai mes peines fortunées ,
Si je gagne à l'attente , où séchent nos années ,
     De la voir une fois de plus !

(*) Mademoiselle de Clermont , dans la jolie nouvelle de madame de Genlis.

XIV.

My shame in crowds, my solitary pride.
GOLDSMITH, *the Deserted Village*

Jeune, avide, inconnu, j'ai désiré la gloire,
J'ai voulu quelque éclat à mon front ennobli ;
Puis, quand j'eus obtenu plus que je n'osais croire,
    J'ai soudain demandé l'oubli.

J'ai fait, pour regagner l'obscurité première,
Le contraire des forts et des cœurs glorieux ;
Je me suis tu longtemps, j'ai caché la bannière
    Qu'appelaient déjà bien des yeux.

J'ai fui mon nom redit et le bruit déjà proche,
Aussi prompt, je crois bien, qu'un autre, aux jours passés,
Que voulait faire évêque Aquilée, Antioche,
    Fuyait les peuples empressés.

J'ai fui du nid qu'on guette et du buisson qui chante,
J'ai laissé mon sentier de peur qu'on le connût ;
Et dans la foule entré, dans la poudre mouvante,
    L'un de tous, j'ai payé tribut.

Et ce n'est plus qu'au soir, par la lande secrète,
Sous les rares croissants, qu'au verger désiré,
A l'ermitage en fleurs, Vaucluse du poëte,
    J'ai repris le rêve sacré,

Trompant l'œil curieux, le passant qui m'effraie,
Qui, dès qu'il sait sa route à quelque frais réduit,

Passe auprès chaque fois, et secouant la haie,
   Réclame, comme un droit, son fruit ;

Non pas au moins, non pas qu'entre tous il vous aime,
Non qu'il vive des sucs arrosés de vos pleurs ;
Car au détour de là, tous fruits, les moindres même,
   Lui sont aussi bons ou meilleurs.

Or, si j'étais ainsi, quand, par pudeur pour elle,
La Muse me vouait aux seuls échos des bois,
Qu'est-ce donc à présent qu'un chaste amour s'y mêle
   Et qu'un nom tremble dans ma voix ?

O sainte Poésie, intime, et qu'il faut taire,
Belle aujourd'hui pour une..., un jour pour quelques-uns ;
Mon secret devant tous, mon orgueil solitaire,
   Amour a doublé tes parfums !

Aussi je viens à toi, mais plus timide encore,
De moi laissant au monde un spectre sans chanson,
Une ombre qui sourit : l'âme a suivi l'aurore
   Et se renferme en son buisson.

Au loin l'air retentit ; l'orme superbe expose
Mille prix disputés à ses rameaux pendants :
Le buisson s'épaissit d'une fleur longtemps close,
   Qui ne se penche qu'en dedans.

Hélas ! et bien souvent en vain elle se penche,
Car Celle qui devait, à temps, la respirer,
Esclave, ne vient pas, et la rose trop blanche
   Aura passé sans enivrer.

Poésie odorante, immobile et pâlie !

Berceau tout d'épaisseur, et d'ombre, et de gazon !
Blancheur que nul zéphyr n'essuie et ne déplie !
    Rosée où ne boit nul rayon !

Oh ! puisse-t-il un jour, si chéri dans son ombre,
Berceau qui nous aura, tous deux, si peu reçus,
Sous ses rameaux baissés, toujours clos au grand nombre,
    Mais des vrais amants aperçus,

Puisse-t-il immortel, dans sa fleur encor rare,
Peindre aux tendres heureux nos noms avec honneur,
Et par nos chants si doux sous le sort qui sépare,
    Leur dire d'aimer leur bonheur !

XV.

Qui suis-je, et qu'ai-je fait pour être aimé de toi,
Pour être tant aimé, pour avoir de ta foi
Des gages si secrets, de si grands témoignages ?
Oh ! dis, est-ce bien moi sans flatteuses images,
Moi dans mon peu de prix et ma réalité,
Pour qui, gloire et repos, ton cœur a tout quitté ?
Moi rêveur vague, errant génie, aux mœurs oisives,
Est-ce moi dont, hier, en tes mains convulsives
Serrant sur tes genoux le front trop défleuri,
Tu murmurais : « C'est lui, c'est le trésor chéri ! »
Ainsi dans mes cheveux parlait ta lèvre éteinte ;
J'entends toujours le son ; je sens encor l'étreinte.
Oh ! redis que c'est moi ; mais ne me grandis pas,
Ne me fais ni plus haut que je suis, ni plus bas,
Pour me bien assurer, ô ma moitié suprême,
Qu'en tout temps et partout je te serai le même.
C'est là ma crainte, Amie ; et je me dis parfois,
Couronné de tes dons, lorsqu'ainsi je te vois
Prodigue, incomparable, offrant sans qu'on t'implore,
Oubliant, donnant tout, demandant grâce encore,
La demandant quand c'est à moi de l'obtenir,
A toi, clément objet, de régner et bénir, —
Je me dis : « Sous mon nom elle dresse une idole,
« Elle m'y croit semblable, et dans une auréole
« Sa vision se peint le fragile mortel ;
« Elle aime en moi son rêve et non l'être réel.
« Mais plus tard et des nœuds d'ici-bas détachée,
« Sitôt du bleu parvis la lumière touchée,
« Le prestige fuira, le vrai sera connu,
« Et son œil dessillé me verra terne et nu.

« Et je n'aurai de bon près de mon Éternelle,

« Pour ne pas faire injure à sa chaste prunelle,

« Pour la justifier de m'avoir pu choisir,

« Que cette crainte-là, ce vœu d'humble désir. »

Oui, c'est là ma vertu, c'est le point qui rachète

Les endroits plus légers de mon âme imparfaite :

J'ai besoin d'être aimé de toi seule et toujours.

L'avare est moins que moi dévot à ses amours :

Je veux un lac sans fond où rien ne diminue,

J'en creuse, autour, les bords d'une ardeur continue,

Et les glorieux dons y vont incessamment

Grossir mes biens cachés et mon butin d'amant;

Je crains surtout, je crains ce que le temps retranche :

Je vise à l'infini; je veux que chaque branche

De notre arbre encor vert se dirige là-haut

Et des sucs lumineux s'y nourrisse; — il le faut,

Pour que, lorqu'ici-bas sécheront ses racines,

Le front vivant de l'arbre en ait pris de divines.

12 août 1832.

XVI.

A LA PETITE AD....

Enfant délicieux que sa mère m'envoie,
Dernier-né des époux dont j'ai rompu la joie;
De vingt lunes en tout décoré, front léger,
Où les essaims riants semblent seuls voltiger,
Où pourtant sont gravés, doux Enfant qui l'ignores,
Pour ta mère et pour moi tant d'ardents météores,
Tant d'orages pressés et tant d'événements,
Depuis l'heure innocente où, sous des cieux cléments,
Sous l'ombre paternelle, immense, hospitalière,
Nous assistions, jeune arbre, à ta feuille première;
Jeune arbre qu'à plaisir eût cultivé ma main,
Qui toujours m'apparais dans mon ancien chemin
Comme un dernier buisson, une touffe isolée,
A l'extrême détour d'une close vallée;
— Enfant qui m'attendris, car pour nous tu souffris,
Qui dus à nos chagrins tes sucs presque taris
Et restas longtemps pâle; — Enfant qu'avec mystère
Il me faut apporter comme un fruit adultère,
Oh! sois le bien-venu, chaste fruit, noble sang!
Que ma filleule est grande et va s'embellissant!
Et ce sont tout d'abord, au seuil de ma chambrette,
De grands yeux étonnés, une bouche discrète,
Presque des pleurs, Enfant: mais bientôt les baisers,
Les gâteaux t'ont rendu tes ris apprivoisés,
Ta sérénité d'âme un moment obscurcie,
Et ton gazouillement qui chante et remercie!
Tu viens toi-même offrir à mes doigts caressés

Tes cheveux qui de blonds sont devenus foncés ;
Ils seront noirs, Enfant, noirs comme ta paupière,
Comme tes larges yeux où nage la lumière.

Adèle est ton doux nom, nom de ta mère aussi :
Parrain religieux, je t'ai nommée ainsi,
Refusant d'ajouter au sien (suivant l'usage)
Un de mes noms, pour toi j'eusse craint le présage.
Que d'aimables bienfaits tu me rends aujourd'hui !
Toi seule, Enfant sacré, me rattaches à Lui :
Par toi je l'aime encore, et toute ombre de haine
S'efface au souvenir que ta présence amène.
Mon amitié peu franche eut bien droit aux rigueurs,
Et je plains l'offensé, noble entre les grands cœurs !

Tu me souris en tout, Créature bénie !
Ta sœur aînée est belle, et certes le génie,
Embrasant une amante à l'orgueil de ses feux,
Éclate en ce visage ardent et sérieux.
Déjà noble avec art, digne comme une Infante,
Rêveuse et le port droit sous l'étoffe bouffante,
Assise, sans jouer, au salon, au jardin,
La lèvre relevée où flotte le dédain,
Où prélude en naissant la haute fantaisie,
Telle enfin qu'à grands traits Boulanger l'a saisie
De son pinceau rapide en glorieux hasards,
Cette Léopoldine est fille des Césars :
Elle attire, elle impose ; elle est fine, elle est belle ;
Mais c'est Lui, surtout Lui, que sa lèvre rappelle ;
Ce dédain, à demi sous la grâce aiguisé,
Dit assez l'âpre veine où son sang fut puisé.
Or, toi venue après, et quand pâlit la flamme,
Quand ta mère à son tour, déployant sa belle âme,
Tempérait dans son sein les fureurs du lion,

Quand moi même apparu sur un vague rayon,
Comme un astre plus doux aux heures avancées,
Je nageais chaque soir en ses tièdes pensées,
O toi venue alors, Enfant, — toi, je te voi
Pure et tenant pourtant quelque chose de moi !

Tu seras noble et douce, et tout simplement bonne
Humble appui de ta mère, et sa fraîche couronne,
La dernière que tard elle voudra garder !
Que ne puis-je à ses yeux par la main te guider,
Jeune ange; que ne puis-je, en longues matinées,
Suivre avec toi les bords de tes vives années,
Et dans l'odeur première, aisée à retenir,
Au fond du vase élu fixer mon souvenir ?
— A peine tu sauras mon nom, sans rien d'intime.
Ces visites, Enfant, qu'on cache comme un crime,
Si rares qu'elles soient, vont cesser, aussitôt
Que ta langue achevée aura dit tout un mot,
Et qu'heureuse, empressée à ravir la parole,
Rivale en sons joyeux de l'abeille qui vole,
Tu pourras sans obstacle à chacun raconter
La vie et ses douceurs, — et qu'on t'a fait monter
Bien haut, dans une chambre étroite et retirée,
Mais où ton bon ami t'a de joie entourée...
Faut-il ne plus te voir, cher objet? — Non, toujours
Je veux que l'on t'amène, et qu'aux obscurs détours
Sans rabaisser jamais ton âme qui s'élance,
Ta mère sur ce point t'enseigne le silence;
Que ni frère ni sœur ne puisse être un danger;
Que, si sur ses genoux, pour mieux t'interroger,
Ton père t'asseyait, rien vers lui ne transpire,
Et qu'ignorant pourquoi, tu saches ne pas dire!

Enfant, mon lendemain, mon aube à l'horizon,
Toi ma seule famille et toute ma maison,

C'est bonheur désormais et devoir de te suivre :
Elle manquant, — hélas !... pour toi j'aurais à vivre.
Pour ta dot de quinze ans j'ai déjà de côté
L'épargne du travail et de la pauvreté ;
Je l'accroîtrai, j'espère... O lointaines promesses !
Ne hâtons pas l'essor des plus belles jeunesses.
Qui sait si de tes yeux quelque éclair échappé,
En tombant sur un cœur, ne sera pas trompé ?
Qui te dira d'où part l'incurable blessure ?
Aime ta mère, Enfant : voilà la chose sûre !
Les feux qui nous auront nous-mêmes dévorés
Pourront-ils, en ce temps, te rester ignorés ?
Les soupçonneras-tu dans leur cendre mourante ?
T'en détourneras-tu distraite, indifférente ?
Les jeunes gens, d'un bond, franchissent nos douleurs :
Que leur font nos amours ? leur ivresse est ailleurs.

Mais que ta piété devine ou qu'elle ignore,
Enfant, femme à ton tour, ou jeune fille encore,
Oh ! que jamais un mot , à ta mère cruel,
Ne s'oublie à tomber de ta lèvre de miel,
Pour qu'en nos durs sentiers, où jusqu'ici tu glisses,
Ses larmes sur ton front soient toutes de délices !

22 août 1832.

XVII.

SONNET.

—

OCTOBRE.—ELLE EST A BIÈVRE.

—

Attendre, attendre encor! voir pâlir les beaux jours
Et l'automne, en fuyant, attrister la lumière;
Des feuilles, sur mon front, voir trembler la dernière,
Et n'oser te rejoindre, ô mes chères Amours!

Au lit, dans cette chambre où mes ennuis sont lourds
(Chambrette qui nous fut pourtant hospitalière),
Me bercer d'un volume écrit sous La Vallière
En ce style enchanteur des loisirs et des cours!

Et la pluie, en lisant, que j'entends sur la cendre,...
Et mon double rideau qui laisse trop descendre
Un matin sans sourire, insipide lueur;...

Oh! oui, c'est là ma vie, amoureuse et stagnante,
Calme sous son brouillard, et si peu rayonnante :
Absence de plaisir sur un fond de bonheur (*)!

1832.

(*) . . . . Dii autem dederunt ærumnam
Qui nobis inviderunt una mauentes
Juventute delectari, senectutis limen attingere.

ODYSSÉE, XXIII.

XVIII.

SONNET.

Par un ciel étoilé, sur ce beau pont des Arts,
Revenant tard et seul de la cité qui gronde,
J'ai mille fois songé que l'Éden en ce monde
Serait de mener là mon Ange aux doux regards ;

De fuir boue et passants, les cris, le vice épars ;
De lui montrer le ciel, la lune éclairant l'onde,
Les constellations dans leur courbe profonde
Planant sur ce vain bruit des hommes et des chars

J'ai rêvé lui donner un bouquet au passage ;
A la rampe accoudé, ne voir que son visage,
Ou l'asseoir sur ces bancs d'un mol éclat blanchis ;

Et , quand son âme est pleine et sa voix oppressée,
L'entendre désirer de gagner le logis,
Suspendant à mon bras sa marche un peu lassée.

Octobre 1832.

XIX.

Je ne connais plus la colline ,
La colline ni le vallon ,
Plaine lointaine ni voisine ,
Boulevart monotone et long ;

Je ne sais plus herbe ni chêne ,
Odeur des bois , brise du soir,
Tant l'amour heureux qui m'enchaine
M'enchaîne à la ville sans voir !

Si je veux décrire un ombrage ,
Je ne sais plus les noms des fleurs ;
Oiseaux et fleurs , brillant ramage ,
Ne sont qu'indistinctes couleurs.

Pour chanter la nature absente
Qui dans son lointain m'a souri ,
Pour rendre à ma voix qui la chante
Un peu de ce savoir fleuri,

En des vers que le Soir inspire ,
Je veux m'essayer, appuyé
Au pur ébéne de ta lyre ,
Charmant Collins , presque oublié!

———————

ODE AU SOIR.

IMITÉ DE COLLINS (*).

Si quelque flûte de Sicile,
Quelque note d'un buis docile,
Te peut, ô chaste Soir, espérer arriver,
Parmi les bruits de tes haleines
Si fraîches en mourant, et le chant des fontaines
Qui monte à l'heure du rêver;

Dans les prés, modeste Génie,
Glissant d'une démarche unie,
Tandis qu'à l'autre bout, sous des cieux encor chauds,
Le soleil empourpré qui nage
Rattire à lui, renflamme en son dais de nuage
Tous ses rideaux et ses réseaux;

A cette heure où l'air qui s'apaise
N'a rien d'ailé qui ne se taise,
Hors la chauve-souris, hirondelle des nuits,
Qui, près des vieux murs qu'on côtoie,
Repasse et bat et crie, et tempère la joie
Aux sens trop vite épanouis,

Hors le hanneton monotone
Qui, plein du faux ton qu'il bourdonne,
Dans mon sentier étroit se rue innocemment,
— A cette heure, ô Soir, qu'il t'agrée

(*) Le poète a cherché dans cette imitation à rendre surtout la couleur
le mouvement rhythmique de l'original. Il aurait à demander pardon pc
certaines hardiesses que réclamait la fantaisie de l'inspiration et que les p
ristes ont reprochées dans le temps au poète anglais lui-même. C'est po
tant grâce à ces vives nouveautés, soutenues d'un sentiment doux et vr
que l'ode de Collins est restée unique et qu'elle mérite à jamais de vivre.

D'inspirer à ma voix, à ma lèvre altérée
   Quelque chant qui puisse, un moment,

   Qui puisse, à l'égal de tes ombres,
   Des blancs coteaux aux vallons sombres
Décroître avec lenteur et fuir à l'infini,
   Dont le suave accent exhale
Le charme que réserve à l'âme pastorale
   Ton retour chaque fois béni !

   Car sitôt qu'au bord de ton voile
   Tu fais briller la pâle étoile,
A ce tremblant signal en silence avertis,
   Le chœur des Heures plus sacrées,
Les Esprits qui, le jour, aux corolles dorées
   Sommeillaient, en foule sortis

   S'assemblent, et Nymphes et Fées,
   Leurs tempes de joncs rattachées,
Et les Plaisirs pensifs, et les Ennuis rêveurs,
   Tous au char ombreux qu'ils attèlent,
Un pied dans la rosée, attendent et t'appellent
   Comme des amants ou des sœurs.

   Oh ! qu'alors la vaste bruyère
   De sa scène sauvage et fière
Prolonge à mes regards l'horizon sourcilleux !
   Que plus haute sur la vallée,
Plus sombre au front des bois, la tour, mieux dentelée,
   Parle des morts et des aïeux !

   Ou si l'orage et sa menace,
   Si la pluie à torrents qui chasse,
M'empêchent, malgré moi, loin des sentiers mouvants,
   Qu'au moins abrité sous la grange
Qui domine la plaine, à cette horreur étrange,
   Aux flots grossis, fouettés des vents,

Au déchirement des nuées ,
Au son des cloches remuées ,
Des cloches des hameaux au plus lointain du ciel ,
A ces beautés je m'esjouisse (*)
Jusqu'à ce que , gagnant par degrés , s'épaississe
Un voile d'ombre universel !

Oui , tant qu'Avril qui recommence,
Doux Soir, épandra sa semence
Et sa senteur en pluie à tes cheveux épars ,
Tant qu'aux longs jours où tu recules ,
L'Été ménagera tes douteux crépuscules
Et s'égaîra sous tes retards ,

Tant qu'après ses grappes vermeilles
Automne emplira tes corbeilles
Lentement , à regret , des couronnes des bois ,
Tant que de son tapis blanchâtre
Hiver amortira tes pas , et près de l'âtre
Consolera tous tes effrois ;

Aussi longtemps , belle Vesprée ,
Invoquant ton heure assurée ,
L'Amitié qui sourit , l'Étude au chaste front ,
La Sagesse sensible encore ,
La Fantaisie errante et qui de jour s'ignore ,
Soir, ces doux hôtes t'aimeront !

Aussi longtemps l'Amour qui mêle
Aux courts plaisirs l'âme immortelle,
Ira par tes Édens méditer ses secrets :
Puisse-t-il jamais dans l'absence
Ne languir trop sevré de ta sainte puissance,
Plus sainte à l'ombre des forêts !

(*) *Éjouir* ou plutôt *esjouir*, vieux mot que *réjouir* ne remplace pas.

XX.

Un mot qu'on me redit, mot léger, mais perfide,
Te contriste et te blesse, ô mon Ame candide ;
Ce mot tombé de loin, tu ne l'attendais pas :
Fuyant, jeune, l'arène et ta part aux ébats,
Soustraite à tous jaloux en ta cellule obscure,
Il te semblait qu'on dût t'y laisser sans injure,
Et qu'il convenait mal au parvenu puissant,
Quand on se tait sur lui, d'aller nous rabaissant,
Comme si, dans sa brigue, il lui restait encore
Le loisir d'insulter à l'oubli que j'adore !
Tu te plains donc, mon Ame !... oui... mais attends un peu ;
Avant de t'émouvoir, avant de prendre feu
Et de troubler ta paix pour un long jour peut être,
Rentrons en nous, mon Ame, et cherchons à connaître
Si, purs du vice altier qui nous choque d'abord,
Nous n'aurions pas le nôtre, avec nous plus d'accord :
Car ces coureurs qu'un Styx agite sur ses rives,
Au festin du pouvoir ces acharnés convives,
Relevant d'un long jeûne, étonnés, et collant
A leur sueur d'hier un velours insolent ,...
Leurs excès partent tous d'une fièvre agissante ;
Une plus calme vie aisément s'en exempte ;
Mais les écueils réels de cet autre côté
Sont ceux de la paresse et de la volupté.
Les as-tu fuis, ceux-là ? Sonde-toi bien, mon Ame ;
Et si, sans chercher loin, tu rapportes le blâme,
Si, malgré ton timide effort et ma rougeur,
La nef dormit longtemps en un limon rongeur,
Si la brise du soir assoupit trop nos voiles,
Si la nuit bien souvent eut pour nous trop d'étoiles,

Si jusque sous l'Amour, astre aux feux blanchissants ,
Des assauts ténébreux enveloppent mes sens ,
Ah ! plutôt que d'ouvrir libre cours à ta plainte
Et de frémir d'orgueil sous quelque injuste atteinte ,
O mon Ame , dis-toi les vrais points non touchés ,
Redeviens saine et sainte à ces endroits cachés ;
Et quand tu sentiras ta guérison entière ,
Alors il sera temps , Ame innocente et fière ,
D'opposer ton murmure aux propos du dehors ;
Mais à cette heure aussi , riche des seuls trésors ,
Maîtresse de ta pleine et douce conscience ,
Le facile pardon vaincra l'impatience ;
Tu plaindras nos puissants d'être peu généreux ;
Leur dédain , en tombant , t'affligera sur eux ;
Et , si quelque amertume en toi s'élève et crie ,
Ce sera pure offrande à ce Dieu que tout prie !

XXI.

STANCES D'AMAURY.

Et l'Univers, qui, dans son large tour,
Voit courir tant de mers et fleurir tant de erres,
Sans savoir où tomber, tombera quelque jour!
MAYNARD.

Volupté, Volupté traîtresse,
Qui toujours reviens et séduis,
Qui, sur le soir de la jeunesse,
Encore appesantis mes nuits ;

Qui n'as qu'à vouloir ton esclave,
Et, comme autrefois, l'enlaçant,
Fais fuir l'étude déjà grave
Et le calme recommençant ;

Désastre, amertume et ruine,
Plaie à des flancs toujours rouverts,
Si j'ai senti ton mal qui mine
Et tous les dons que tu nous perds,

Oh ! du moins, Volupté fatale,
Il est en toi de grands secrets !
Car trop d'innocence s'exhale
Souvent en trop joyeux attraits ;

De ton délire une âme avare
Garde à tout des voiles plus beaux ;
Et, comme au printemps qui répare
Des fleurs dérobent les tombeaux.

Chaque illusion renaît vite
Au cœur sobre et longtemps sevré ;
On aime, on s'enchante, on s'irrite ;
On renage au fleuve azuré.

Oh ! du moins, Volupté pâlie,
Tu romps toute fausse lueur ;
Par toi, quelle mélancolie,
Reflet plus vrai, sinon meilleur !

Comme, après ta mordante rage
Et les vifs aiguillons passés,
Dans la langueur qui suit l'outrage,
Le lendemain des sens lassés,

Oh ! comme alors la vue errante
Saisit le monde en un vrai jour !
Quelle lumière indifférente
Glisse, pénètre tour à tour,

Ote son fard à chaque aurore,
Nous fait voir au changeant tableau
La fleur mourir après éclore,
Et le gravier dans la belle eau !

Comme on sent la mort sous la vie !
Comme on n'épouse aucune ardeur !
Comme le peu que signifie,
Entêté de sa propre odeur,

L'orgueil humain avec ses haines,
Et les mensonges des partis,
Et tant d'assertions hautaines,
Ne nous sont que bruits amortis !

Quelle lente et ferme sagesse
Vaudrait pour son plus chaste amant
Ce jour aisé qui nous caresse
Comme un astre pâle et clément,

Comme un astre sans étincelle,
Sans terreur ni feux courroucés,
Mais funèbre, et qui nous révèle
La fin des mondes commencés?

Penser rêveur et non morose,
Et qui nous incline à la mort!
Tendre tiédeur qui nous dispose
Et qui détache sans effort!

Oh! sous le couchant qui s'abaisse,
Ces soirs des jours voluptueux,
Avec douceur, avec tristesse,
L'œil en pleurs, comme on consent mieux,

Comme on consent, de la colline,
A descendre aussi pas à pas
Le déclin où tout s'achemine,
La pente où ne manquera pas

Tout ce qui fut beau, ce qu'on aime,
Objets légers, êtres plus chers,
Pyrrha, Lydé, Laure elle-même,
Où va lui-même l'Univers!

XXII.

SONNET.

> En attendant, ma Bien-aimée, voici une
> phrase de ma dernière lettre qui s'est, d'elle-
> même, cette nuit, tournée en sonnet.
>
> LETTRES.

Moi qui rêvais la vie en une verte enceinte,
Des loisirs de pasteur, et sous les bois sacrés
Des vers heureux de naître et longtemps murmurés ;
Moi dont les chastes nuits, avant la lampe éteinte,

Ourdiraient des tissus où l'âme serait peinte,
Ou dont les jeux errants, par la lune éclairés,
S'en iraient faire un charme avec les fleurs des prés (*) ;
Moi dont le cœur surtout garde une image sainte !

Au tracas des journaux perdu, matin et soir,
Je suis à ce métier comme un Juif au comptoir,
Mais comme un Juif du moins qui garde en la demeure,

Dans l'arrière-boutique où ne vient nul chalant,
Sa Rebecca divine, un ange consolant,
Dont il rentre baiser le front dix fois par heure.

(*) Pieriosque dies et amantes carmina noctes.
STACE.

XXIII.

SONNET.

> Ceci, mon Amie, se rapporte au temps où
> nous étions moins libres de nous voir et où il
> me fallait tant attendre dans les églises.
>
> LETTRES.

Dans l'Église propice où nous avons fait choix
De venir un moment et de causer derrière
Quelque pilier du fond, au dernier sanctuaire,
Que de fois, attendant, inquiet, que de fois

Je maudis, non pas vous qu'avec respect je vois,
Vieillards, femmes du peuple et pauvres en prière,
Clair-semés dans la nef et baisant la poussière,
Fidèles qui n'avez de regards qu'à la Croix,

Mais ces jeunes rôdeurs qui nous peuvent connaître,
Postérité qu'hier *Quasimodo* (*) fit naître,
Chaque jour plus nombreux, grâce au malin héros ;

Moyen âge amateur, qu'en notre courte joie
Et notre longue attente, on dirait qu'il envoie
Pour lorgner chaque ogive et béer aux vitraux !

(*) Le héros de *Notre-Dame de Paris*.

XXIV.

SONNET.

> . . . . Nos, Delia, amoris
> Exemplum cana simus uterque coma.
>   TIBULLE.
> Le bon Damète et la belle Amarante.
>   VAUQUELIN DE LA FRESNAYE.

Si quelque blâme, hélas! se glisse à l'origine
En ces amours trop chers où deux cœurs ont failli,
Où deux êtres, perdus par un baiser cueilli,
Sur le sein l'un de l'autre ont béni la ruine;

Si le monde, raillant tout bonheur qu'il devine,
N'y voit que sens émus et que fragile oubli;
Si l'Ange, tout d'abord se voilant d'un long pli,
Refuse d'écouter le couple qui s'incline;

Approche, ô ma Délie, approche encor ton front,
Serrons plus fort nos mains pour les ans qui viendront:
La faute disparaît dans sa constance même.

Quand la fidélité, triomphant jusqu'au bout,
Luit sur des cheveux blancs et des rides qu'on aime,
Le Temps, vieillard divin, honore et blanchît tout!

XXV.

Qui sapit in tacito gaudeat ille sinu.   TIBULLE.

. . . . fut heureux en silence.   AND. CHÉNIER.

Non, je ne chante plus... l'oiseau sous le feuillage
Aux instants les plus doux n'a de chants ni de voix ;
Perdu dans son bonheur comme en un saint orage,
Il a peur d'éveiller l'écho jaloux des bois.
Il soupire, il se tait ; il palpite, il expire ;
Il ne confîrait pas au plus voisin zéphyre
Le moindre son brillant pour être rapporté,
Tout son souffle amoureux est à la volupté.
Que lui font les concerts des hôtes du grand chêne,
Tous ces gosiers rivaux chantant à pleine haleine,
Bruyants et glorieux, purs favoris de l'art,
Ou ceux dans leur buisson, qui chantent à l'écart?
Que lui fait qu'on le croie absent ou mort lui-même ?
Que, ne l'entendant pas, on ignore qu'il aime,
Et qu'on dise en riant qu'il s'est évanoui?
Si le bonheur nous prend, taisons-nous aujourd'hui !
Ton sein contre le mien, ô ma belle oppressée,
Comme un calice plein, gardons notre pensée !
Ta voix qui balbutie est douce en se brisant,
Et ta lèvre me parle un parler suffisant.
Loisirs et souvenirs viendront trop tôt, je pense;
Trop tôt le sort fâcheux, l'empêchement, l'absence
(Oh ! jamais la froideur, jamais !), mais l'âge enfin,
Nous sévreront du bien, seul réel et divin!
Que ferons-nous alors, mon Ame? que ferai-je,
Sinon de déployer ce qu'aujourd'hui j'abrége,
De rouvrir en pleurant tous mes bonheurs secrets,
Et, n'en jouissant plus, de les chanter après?

XXVI.

Ibam forte via sacra. . .
HORACE.

Par un des gais matins de l'avril le plus doux,
Vers onze heures, j'allais, rêveur, au rendez-vous,
Sans hâte, et du soleil, au bon côté des rues,
Essuyant pas à pas les tiédeurs reparues,
M'arrêtant aux rayons comme aux blés le glaneur :
Il est mieux de marcher lentement au bonheur.
Mais voici qu'en songeant, un détour téméraire,
Un caprice me pousse au seuil de mon libraire,
Et là Ballanche était, Ballanche, fils d'Hébal,
Fils d'Orphée, empêché dans un siècle inégal,
Et qui, d'un imprimeur en quête dès l'aurore,
Voit sa Thèbes pendante et ne pourra la clore.
— « Oh ! bonjour ; vous voilà. De quel côté, dit-il,
Allez-vous ? » — Et déjà je sentais le péril :
— « Je suis pressé, je cours. » — Mais vainement j'élude :
« Je vous suis, » m'a-t-il dit avec béatitude.
Il le faut : nous marchons ; à son pas enchaîné,
J'avais la demi-heure, et je me résignai.
Oh ! si tu n'as pas vu le personnage, Amie,
Si tu n'as pas dix fois ouï sa bonhomie,
Tu te figures mal le sort et les malheurs,
Et les tiraillements et les lutins railleurs
D'un amoureux, tandis que Ballanche s'explique.
Jamais je ne l'ai vu si palingénésique,
Si lent dans sa parole et dans sa fluxion,
Si traînant à franchir l'initiation.
Comme à l'Égyptien sous la funèbre voûte,

Chaque coin me semblait un degré qu'on redoute,
Une épreuve, un écueil, un dur cap à doubler.
Et ton poëte aussi venait se rappeler,
Regnier, — et ton plaideur, Horace, — et me sourire,
Et du bout de leur trait attiser mon martyre !
Certes dans ce moment, plaideur, rimeur outré,
Humanitaire enfin, j'eusse tout préféré,
Tout, excepté Cousin qui jamais ne vous lâche !
«—Monsieur, disait Ballanche, or mon œuvre, ma tâche,
C'est ma chair et mon sang ! »—Et comment quitter là,
Je vous prie, et brusquer auteur qui dit cela ?
Comment lui voir le sang couler, sans qu'on y mette
La main, au moins le doigt, d'un mouvement honnête ?
J'écoutais, j'expiais, et j'avais mérité
Plus d'un beau rang déjà dans sa noble Cité,
Dans sa Cité future,... hélas ! quand midi sonne,
Midi, l'heure chérie, où Celle qui la donne
Doit arriver là-bas et va chercher longtemps
L'Ami pour qui son cœur célèbre le printemps.
Nous, en plein Carrousel nous étions :—« Je découvre
Que votre œuvre, monsieur Ballanche, est comme un Louvre,
Dis-je aussitôt, le Louvre aperçu de ce lieu :
Il n'y manque qu'une aile, il faut la faire : adieu ! »
Et sur ce mot *adieu !* j'échappe et me dégage ;
Lui, bâille et rit, content du compliment pour gage,
Humant ma flatterie en face du beau ciel,
Et digérant longtemps ce doux gâteau de miel !

—Oh ! laissons-les de loin et mourir et renaître,
Ces rêves nés à l'âge où l'Amour n'est plus maître,
Systèmes qu'un mot flatte, et qui se croient moins faux ;...
Nous, comptons nos saisons par des baisers nouveaux !

(Il ne faudrait pas voir dans cette pièce autre chose qu'une plaisanterie
innocente, entre amoureux, envers un homme qu'on vénère, mais dont
une fois on a souri.)

XXVII.

Qu'elle est belle, toujours renaissante, et plus belle,
Dans son long peignoir blanc, le matin, en dentelle;
Pâle encor du réveil, l'œil nageant et confus,
Blanche rose entr'ouvrant ses mille plis touffus!
Le parfum l'environne: inclinée et bercée,
Bercée au seul désir qui soutient sa pensée,
Qu'elle est belle pour tous! Ceux qui, depuis dix ans,
L'admirent et sont faits à ses jours séduisants,
S'arrêtent en entrant, éblouis; car la source,
Le ruisseau qui semblait ralenti dans sa course,
Au penchant des coteaux par avril éveillés
Ne renaît pas plus vite, à flots renouvelés,
Que la beauté parfois voilée, et non tarie,
Chez les êtres doués de sa longue féerie.
Tous donc, en la voyant, surpris du don sacré,
Comme atteints d'un rayon jusqu'alors ignoré,
L'ont témoigné d'abord d'un signe involontaire;
Et ces jours-là, s'il vient, il faut qu'on fasse taire
Le follet Robelin, et qu'on l'éloigne un peu,
Tant son geste au babil s'unit d'un même jeu!
Boulanger, plus discret, vrai dévot, à distance
Se tient, joignant les mains, l'œil désireux, et pense
Qu'une telle blancheur, assise en des berceaux,
Serait un sûr triomphe à l'éclat des pinceaux;
Et le poète illustre, à qui l'on doit *Elvire*,
En voyant ma rêveuse, hier, se prit à dire:
« Faites-vous peindre ainsi, Madame, en peignoir blanc! »

Mais Elle, au simple cœur, bien qu'au regard troublant,
Calme, sans vanité, sans ombre ni mélange,
Pour l'offrir à l'absent acceptant la louange:

« Belle , ils me disent tous , se dit-elle à demi ,

« Je l'étais donc hier en tes bras, mon Ami ;

« Je l'étais, blanche ainsi, dans ces mêmes parures ,

« Et tu me disais vrai dans tes tendres murmures.

« Va , sois tranquille , Ami , jamais ce doux portrait ,

« Que l'amitié trop vaine à l'amour ravirait ,

« Ne sera qu'en discours ; je saurai m'y soustraire ,

« Avec art , s'il le faut , esquiver la prière ,

« Tenir bon au propos ou flatteur ou moqueur ;....

« Je me veux seulement ressemblante en ton cœur ! »

(Le portrait pourtant a été fait.)

XXVIII.

SONNET.

Pour venger du passé la jalousie amère,
Souvent je me suis dit : Jeune fille n'est rien
(Si belle qu'elle brille aux côtés de sa mère),
Rien qu'un beau marbre blanc aux mains du *praticien*,

Qu'il *mène à point*, dit-on, mais que seul pousse à bien,
Avant que dans Milo, déesse, on la révère,
Le Sculpteur au génie amoureux et sévère.
L'époux vient et se croit ce grand Corinthien :

Il s'éprend du Paros, il arrondit l'ivoire,
Et dans son nom inscrit s'applaudit de sa gloire.
L'Amant, s'il vient plus tard, a tout fait en un jour :

Sans lui ce sein mourait ; il met l'âme au sourire ;
Ce front dormait de marbre, un éclair le déchire.
Mère, époux, vous serviez Polyclète et l'Amour !

(On n'oserait répondre que M. Quatremère de Quincy ne trouvât rien à redire ici pour ce technique de l'art antique. Le poëte a supposé que Polyclète travaillait le marbre d'après le procédé moderne.)

XXIX.

AU SOMMEIL.

HYMNE.

Insidens palpebris juventus.
PINDARE.

. . . . Lumenque juventæ
Purpureum, et lætos oculis adflarat honores.
VIRGILE.

Les beaux yeux d'un berger de long sommeil tonchés.
DESPORTES.

O Sommeil, je t'adore, ainsi qu'au premier somme,
Quand tu naquis sur la terre pour lit,
Ainsi qu'on t'adora depuis qu'un premier homme
Travailla, souffrit et vieillit !

Soit qu'après la journée accablante et sans trêve,
Après maint effort et maint vœu,
Par toi l'oubli revienne, et l'espérance en rêve,
Quelque jeunesse encor que chaque jour enlève,
Que chaque nuit nous rend un peu !

Soit que difficile à l'approche,
Comme un mont à pic, une roche,
A ton flanc nu, Sommeil, il me faille gravir ;
Et vingt fois la roche tentée
Me rejette en sursaut, avant que le Protée
Tout au haut se laisse ravir !

Soit que puissant de sceptre, et d'un genou qui pèse,
Tu te poses d'abord sur ma poitrine, à l'aise,

Rude Cyclope, et fier d'avoir si bien noué
Le naufragé, sous toi qui demeure cloué !

Je t'adore, ô Sommeil !

       — ou soit qu'au matin même,
Et le plus fort passé de la fatigue extrême,
Doux, léger, pénétrant, tout inquiet du mieux,
Comme un peintre remet au tableau qu'il préfère
     Sa touche la plus chère,
Tu reviennes pour mettre un fini gracieux,

Pour mettre à tous mes sens ce qu'aux fils des déesses
Autrefois tu portais, à l'heure des caresses,
Quand les belles Didons s'égaraient au soupir,
Le duvet à ma joue, et des lueurs nouvelles,
     La rosée aux prunelles,
La rosée à des cils où pointe le désir !

Ah ! bientôt l'essuyant, cette fraîcheur vermeille,
La buvant à mon front de son baiser d'abeille,
Heureuse de jeunesse et de me posséder,
Elle se mirera dans cet œil où tout nage,
Comme au jour où d'abord elle y vit son image,
     S'oubliant à la regarder.

XXX.

SONNET.

(AUX CHAMPS-ÉLYSÉES).

Laisse ta tête, Amie, en mes mains retenue,
Laisse ton front pressé ; nul œil ne peut nous voir.
Par ce beau froid d'hiver, une heure avant le soir,
Si la foule élégante émaille l'avenue,

Ne baisse aucun rideau, de peur d'être connue ;
Car en ce gîte errant en entrant nous asseoir,
Vois, notre humide haleine, ainsi qu'en un miroir,
Sur la vitre levée a suspendu sa nue.

Chaque soupir nous cache, et nous passons voilés.
Tel, au sommet des monts sacrés et recélés,
A la voix du désir, le Dieu faisait descendre

Quelque nuage d'or fluidement épars,
Un voile de vapeur, impénétrable et tendre :
L'Olympe et le soleil y perdaient leurs regards (*).

(*) Homère, Iliade, XIV. Ceci est retracé sur un tout autre ton, il faut en
convenir, que dans les vers connus de la jolie pièce de Voltaire à *Philis*
lorsqu'il lui rappelle ces bons jours où dans *un fiacre promené*, etc., etc. :
c'est pourtant le même souvenir.

XXXI.

Nonchalamment, hier, la dame que tu sais,
Comme dans le salon près d'elle je passais,
M'appela, me parla de toi, daigna te plaindre
De l'abandon, dit-elle, où tu te vas éteindre
Puisqu'un si noble époux par Phryné t'est ravi;
Et, d'autres s'y mêlant, ce furent à l'envi
Plaintes, compassion et touchants commentaires
Sur tes pleurs d'Ariane en tes nuits solitaires :
« — Elle veut s'en cacher, mais le mal est plus fort!
« — Chaque soir, quand vient l'heure où l'infidèle sort,
« Voyez-la bien, son œil qui couve la pendule
« A l'air de demander que l'aiguille recule.
« Sensible comme elle est, ce chagrin la tuera.
« — Non, elle est douce et calme, elle s'habitûra. —
« — S'habituer, Monsieur! jeune encore, il est triste
« D'être ainsi négligée! » Et la plus belle insiste,
Prenant des airs d'égards pour ta pauvre beauté.
Et moi je me rongeais, en silence irrité.

— Qui donc vous a permis, indifférents sublimes,
D'ouvrir si vite un cœur le plus vaste en abîmes,
Le plus riche en tendresse, en parfums renfermés,
Le cœur de mon Amie, ô vous qui la nommez !
D'où savez-vous les pleurs de sa paupière émue?
De quel droit jugez-vous cette âme à moi connue,
Ame qui ne vient pas à plaisir se montrer
Et que j'ai mis en tout six ans à pénétrer?
Oh! qu'on cesse, il est temps, un discours que j'évite!
Ce souffle du dehors étrangement agite
L'invisible courant d'elle à moi répandu,

Le fil éolien entre nous deux tendu !
Oh ! défense aux amis, passants et foule oisive,
A tout ce qui n'est pas l'ombrage de la rive,
L'oiseau sous le balcon, l'air du soir, le zéphyr,
Ou l'accent d'un désir, ou l'écho d'un soupir,
De jamais proférer, d'une langue infidèle,
Ni son nom devant moi, ni le mien devant elle !
Ce devrait être ainsi dans notre éloignement ;
Ne pouvant nous avoir à l'aise et constamment,
Ce serait un rêver, une mélancolie,
Une onde mutuelle en silence établie,
Un pur flot continu,..... presque comme aujourd'hui ;
Seulement rien de nous qui nous vînt par autrui,
Pas un officieux pour jeter sa bouffée
A travers ce silence et ce charme de fée,
Pas un ami commun, et dans nos alentours
Nous seuls à nous connaître, à nous nommer toujours !

Mais combien, ne sachant deviner ni se taire,
Traversent lourdement nos sentiers de mystère,
Et n'ont pas même vu fuir le daim effaré
Ou s'envoler près d'eux tout un essaim sacré !

Souvent, ainsi, le nom qu'aime ma rêverie,
Que je redis sans fin au bout de ma prairie,
Ce nom subitement par d'autres prononcé,
Qui derrière la haie, au revers du fossé,
Jasent à tout hasard,— ce nom chéri m'irrite,
—Ou le mien fait rougir mon Adèle interdite.

XXXII.

D'autres amants ont eu, dans leur marche amoureuse,
Les sentiers plus fleuris, la trace plus heureuse,
Plus facile et riante et conforme au plaisir.
Les lieux de rendez-vous qu'ils se pouvaient choisir,
En des berceaux couverts, ou le long des allées,
Conviaient, conduisaient leurs attentes voilées,
Leur envoyaient au front mille et mille senteurs,
Et faisaient autour d'eux les oiseaux plus chanteurs.
Tantôt, en plein midi, quand la chasse brillante,
En feu sous le soleil et déjà ruisselante,
N'avait d'yeux qu'à la meute et qu'au cerf relancé,
La beauté, comme lasse, au franchir d'un fossé,
S'égarait, et glissait du palefroi fidèle
Dans les bras de celui qui ne suit que pour elle ;
Et l'aboîment lointain, la fanfare et les cris,
N'étaient plus qu'un accord à des soupirs chéris.
Tantôt, bien tard au ciel, quand la lune se lève,
L'amante qu'on espère, accomplissant le rêve,
Apparaissait penchée à son balustre d'or ;
Et ses cheveux pendants, et tout ce blond trésor,
Ses mains et ses parfums, et sa molle caresse,
Comme à l'Endymion qu'effleure la déesse,
Allaient, et, se teignant dans l'astre aux pâles flots,
Pleuvaient sur le plus cher des tendres Roméos.
Tantôt le gris matin et l'aube qu'on devine
Voyaient dans la vapeur courir une ombre fine,
Et la porte du parc avait crié bien bas ;....
Ou vers le pavillon, plutôt, tournant ses pas,
Vers le kiosque orné qui donne sur la route,
Elle allait : la rosée, en perles, goutte à goutte

Émaillait ses cheveux, et noyait le satin
De ses pieds qui froissaient la lavande et le thym ;
Et si, des grands bosquets côtoyant la lisière,
Un obstacle a saisi sa robe prisonnière,
C'était, pour tous retards semés en si beau lieu,
Quelque buisson de rose au piédestal d'un dieu.

Nous, ce n'est pas ainsi !

              — Quand la rare quinzaine,
Après maint contre-temps, se répare et ramène
La douceur de se voir, je vais longeant exprès,
Au lieu des quais voisins, ouverts et peu secrets,
La rue où sans soleil la pauvreté s'entasse,
Et plus sûr que par là nul ne dira ma trace ;
Je vais, et pour témoins de l'espoir qui me luit,
Pour arbres et buissons, je n'ai que le réduit
De l'humaine misère, et des figures mortes
Aspirant un peu d'air sur le devant des portes ;
Des enfants, que Lycurgue eût d'abord rejetés,
    nt, tout maladifs, en bruyantes gaîtés ;
Des femmes, dont le port promet qu'elles sont belles,
Mais dont l'œil et la joue et les maigreurs cruelles
Accusent le dur sort où s'appauvrit leur sang ;
La dispute parfois et le cri glapissant,
Parfois un fol éclat qui non moins me déchire,
Et là, là même aussi, l'amour et le sourire.
Ainsi, sans rien laisser, pauvres hommes, de nous,
J'arrive, en méditant, à mon bien le plus doux,
Jusqu'à la tour, encor sur pied, par où s'atteste
Le vieil hôtel Saint-Paul dans son unique reste,
Tour aujourd'hui perdue, étouffée entre murs,
Logeant, au lieu de rois, bien des hôtes obscurs,
Des hôtes seulement de métier et de peine ;
Et c'est là qu'est la chambre où vient ma Châtelaine !...

Un boudoir au-dedans, un asile embelli !

Et quand tu t'es enfuie et que tout a pâli,
Quand, mon rêve comblé, la nuit déjà tombante,
Je reviens, et reprends, d'une secrète pente,
Ce même étroit chemin de deuil et de labeur,
Que ce retour m'est cher, quoique si peu trompeur !
Comme aux plus gais sentiers il n'est rien que j'envie !
Je marche en regardant, et me dis : *C'est la vie !*
L'avertissement grave est prompt à ressaisir,
A pénétrer un cœur attendri du plaisir.
Au sortir de ma fête et plein de mon ivresse,
Je vais me souvenant de la grande détresse
De la plupart, hélas ! — qu'il faut, pour racheter
Le plaisir, s'il a tort, aux bienfaits se hâter ;
Que, même aux plus heureux, aux plus aimants, la joie
Est courte ; que le deuil est au long de leur voie ;
Que la fidélité, dans ses charmes profonds,
Veut aussi des efforts et creuse ses sillons ;
Qu'elle a l'aride ennui, le désert de l'absence ;
Que ton amour si tendre en sa munificence,
Notre amour immortel, pourtant bientôt voilé,
Bientôt veuf du plaisir et de l'âge envolé,
Devra survivre enfin, meilleur en sa disgrâce,
Au sourire, à l'accent qu'on aime,.... à ce qui passe !

Et voilà qu'au tournant du trajet tortueux
Je regarde, et mon œil a reconquis les cieux,
Les magnifiques cieux et leur splendide arène,
L'étoile au front des tours, la Seine souveraine,
La brume à l'horizon, signal des belles nuits,
Et la foule épandue avec ses mille bruits,
Et qui fait ressembler Paris, en ces soirées,
A Naples bourdonnant sur ses plages sacrées.

— Juin. —

XXXIII.

SONNET.

L'AMANT ANTIQUAIRE.

De l'étude où je vais ne prends point jalousie,
Ne la crois pas surtout rivale de l'amour.
J'entre en ces parchemins et j'épèle alentour,
Cherchant l'esprit des morts sous la page moisie.

Pétrarque, notre maître à tous en poésie,
Cher aux dévots amants dont il conduit la cour,
Ne faisait, Laure à part, qu'assembler, rendre au jour
Mainte docte relique, à propos ressaisie.

Il portait, sais-tu bien? dans son secret réduit,
Non pas l'habit de pourpre, où, de loin, il nous luit
Depuis qu'au Capitole il reçut sa couronne,

Mais une veste en cuir, où vite il écrivait,
Sur les bords et partout, chaque trait qu'il rêvait,
Dicton cicéronien, ou projet de canzone (*).

(*) Ce détail est historique, comme on le peut lire dans le *nouveau Traité de Diplomatique* des Bénédictins.

XXXIV.

De Boussac, un matin, deux manants m'arrivèrent :
« Nous vous aimons, Monsieur, et nous vous admirons. »
— Grand merci ! » Je m'incline ; eux point ne me lâchèrent :
— « Il nous a consolés, nous le consolerons ! »
Et, me couvant des yeux, les manants m'approchèrent.
Un poète est bien tendre à tout assaut pareil :
Je m'ouvris, j'écoutais, quand, pour plus de caresse,
Chacun de son côté, malice ou maladresse,
M'applique son sabot à mon plus frêle orteil,
Sans cesser de me rire un gros rire vermeil.

Poète, fais des vers, non pour qu'on les admire,
Fais-les pour Celle aux bois qui seule les désire,
Pour le silence et l'ombre et tous les dieux cachés,
Jamais pour les manants de Boussac dépêchés !

XXXV.

— ÉCOUEN. —

Un jour, vers le château sur la colline assis,
Le plus galant séjour des vieux Montmorencys,
Par la haute avenue ombreuse et séculaire,
Elle vint ; — et venaient aussi, pour se complaire
Aux tourelles, aux murs blazonnés du ciseau,
Celui dont *Notre-Dame* exalta le pinceau,
Et d'autres, à sa suite, amateurs de la pierre.
Le dehors admiré, dans la grand'cour première
On s'avance, on se prend chacun à son endroit ;
On lit une devise, on se décrit du doigt
L'élégance d'un cintre et l'entour des croisées,
Victoires au corps fin, deux à deux opposées.
Les noms ressuscités des Goujon, des Bullant,
Résonnent ; on agite, on pèse le talent.
Mais, tandis qu'à l'envi, dans leur verve croissante,
S'animant à tout voir malgré l'ogive absente,
Un seul coup d'œil jeté vers l'autre cour du Nord,
Ils suivaient bruyamment par le long corridor,
Et s'en allaient gagner l'enfilade des salles,
Devisant pas à pas de voûtes et spirales,
Elle que tant de grâce unie à la grandeur,
Dès la muette entrée, avait saisie au cœur,
A tout leur lent détail lassée et faisant faute,
Dans cette cour du Nord, où l'herbe croit si haute,
Où les jeux ont cessé, voilà vingt ans déjà ,
Pria qu'on la laissât s'asseoir, et là songea !

Elle ne songeait pas au Connétable antique
Qui, vers la fin d'un règne, et comptant les longs jours,

8

Se dressa, par ennui, colonnes et portique,
Délassements pompeux des disgrâces des cours.

Elle ne pensait pas même aux fleurs de tendresse,
Aux tournois dont la palme inaugura ces lieux,
Quand Diane royale, un soir, en chasseresse,
Lut son chiffre partout et vit son astre aux cieux.

Le fardeau des vieux temps, trop reculés pour elle,
Tentait peu cet esprit qui jouit d'ignorer ;
Mais de vrais souvenirs, image plus réelle,
Lui revenaient en foule et disaient de pleurer.

Elle pensait, voyant cette herbe entre les pierres,
A tant de fleurs qu'Écouen trop vite abandonna,
Aux roses de blancheur que colorait plus fières
Une goutte, à leur front, du beau sang d'Iéna.

Les noms mal effacés des combats d'Italie,
Sous les arceaux brillants, plus haut avaient parlé.
Les jours que lui conta sa belle-sœur Julie (*)
L'entouraient sur son banc, de leur cercle assemblé,

Quand l'essaim se berçait aux fanfares de guerre,
Quand riaient les vieux murs sous de jeunes faisceaux ,
Quand au casque buvait la colombe légère ,
Quand l'aigle en feu couvait les petits des oiseaux.

Que sont-elles, hélas ! aujourd'hui devenues
Les fleurs de ces printemps? leur matin a régné ;
Tout au plus l'âge encor laisse aux plus tard venues
Un reste de jeunesse à grand'peine épargné,

De jeunesse plus triste et plus pénible à l'âme
Que l'heure révolue et les ombres du soir ;

(*) Qui avait été élevée à Écouen.

Car, sous un front pâli, le cœur entier de flamme
Aux débris qu'il faut fuir s'attache en désespoir.

Où sont-elles, hélas ! et combien différentes
Des matins, quand un cri s'élevait : *L'Empereur !*
C'était lui ; chars, caissons pleins de fleurs odorantes,
De bonbons que pillait une douce fureur.

Oh ! combien tôt leur vie a connu les contraires !
Leurs pères sont tombés avant la fin du jour ;
Combien d'affronts subits ont amaigri leurs mères !
Alors, jeunes du moins, elles eurent l'amour ;

Oui, même dans les pleurs, même au clairon d'alarme
Et sous l'accablement d'un empire écroulé,
Jeunes du moins, l'amour, facile et divin charme,
Leur rouvrait l'avenir en un rêve étoilé.

Mais il est venu tard cet amour de leur rêve,...
Mais il s'est vite enfui,... mais il n'est pas venu,...
Mais la mort, l'inconstance, et tous ces maux sans trêve
Aux cœurs trop espérants ont mis la vie à nu !

Oh ! dans la cour du Nord combien d'herbe poussée !
Sur tous ces fronts charmants combien d'ombre amassée !

Ainsi Celle que j'aime, et qui bien me le rend,
Égarait son loisir et songeait en pleurant.
Et moi qui sens comme elle, et, comme elle, m'oublie
A la voix du passé, tant l'astre qui nous lie
Marchait dès nos berceaux et nous appareilla !
Sans savoir son voyage, à quelques jours de là
(Car le sort la retient, quand Amour nous fiance),
Au même lieu, parmi gens d'art et de science,
J'allai ; puis, comme aux murs un chacun admirait

Les grâces du ciseau, le menu, le discret,
Les fenêtres du toit, frêles délicatesses,
Je me sentis au cœur éveiller des tristesses,
Me souvenant aux noms d'Ulm et de Marengo
Des groupes babillards qu'avait aimés l'écho ;
Et tournant court alors aux festons qu'il m'explique,
J'entrepris mon voisin fort peu mélancolique,
Docte en Villon du moins, et très à l'unisson
De ces bons vers gaulois de l'antique chanson,
Qu'en récitant tout haut, ma mémoire attendrie
Refaisait plus d'accord avec ma rêverie :

> « Dites moi où ne en quel pays (*)
> Est Flora la belle Romaine,
> Archipiada ne Thaïs
> Qui fut sa cousine germaine?
> Écho parlant quand bruit on meine
> Dessus rivière ou sus étan,
> Qui beauté eut trop plus qu'humaine?
> Mais où sont les neiges d'antan?

> « Où est la très-sage Héloïs
> Qui chantoit à voix de sereine
> Berthe au grand pied, Bietris, Allys,
> Harembouges qui tint le Mayne,
> Et Jeanne la bonne Lorraine
> Que Anglois brûlèrent à Rouen?
> Où sont-ils, Vierge souveraine?
> Mais où sont les neiges d'antan? »

Et comme aux bois d'automne un soupir de l'autan,
Comme un plaintif adieu des filles de Campan,
L'écho nous renvoyait ce triste mot d'*antan !*

(*) Vieille ballade du poète Villon. Le mot d'*antan* qui est au refrain signifie *année précédente, année d'avant.*

XXXVI.

LE COLLÉGE D'ETON.

—

IMITÉ DE GRAY.

—

Etre homme, c'est assez pour être malheureux.
MÉNANDRE.

Lointaines tours, fines aiguilles,
Couronne du séjour fleuri,
Où les Muses, pieuses filles,
Redisent le nom d'un Henri (*) ;
Et vous, créneaux sur la colline,
Windsor, que plus d'orgueil domine,
Mais d'où l'œil, au hasard nageant,
Ne voit que cimes de grands chênes,
Et vertes mousses dans les plaines,
Et le fleuve aux rubans d'argent !

Coteaux heureux, plaisant ombrage !
Champs où l'abeille a son trésor,
Où, comme elle, mon premier âge
S'égaya, sans savoir encor !
Je sens la brise qui s'embaume
Des fleurs de votre doux royaume,
Je la sens à mon front courir,
Et ma pauvre âme trop lassée,
Des chères odeurs caressée,
A cru rajeunir, ou mourir !

(*) Henri VI, fondateur du collége.

8 '

Oh ! dis-moi, Tamise, ô vieux fleuve,
Car sur tes bords jusqu'à ce jour
Plus d'une race à l'âme neuve
S'en vint s'essayer à son tour,
Dis-moi, Tamise, parmi celle
D'aujourd'hui, quel vainqueur excelle
A fendre le fil de tes eaux,
A désoler la tourterelle,
A rechasser la balle grêle,
A fouetter le bond des cerceaux ?

Tandis qu'en des heures plus graves
Les uns luttent, l'esprit chargé,
Et, de l'étude ardents esclaves,
Plus doux sentiront le congé,
D'autres, d'humeur aventurière,
Franchissent enceinte et barrière ;
Ils vont se retournant souvent ;
A chaque bruit qu'écho renvoie,
Ils vont d'une tremblante joie,
Daims échappés, l'oreille au vent.

Pour eux l'espoir, chimère aisée,
Loin encor des objets moqueurs !
Les pleurs qui ne sont que rosée,
Car un soleil est dans leurs cœurs !
Pour eux la source d'allégresse,
Source montante et qui se dresse
Comme un jet d'eau sur son gazon ;
Jours pleins, nuit close et qui s'ignore,
Un gai sommeil qui sent l'aurore,
Et qui s'enfuit dans un rayon !

Hélas ! devant la bergerie,
Agneaux déjà marqués du feu,

La troupe, de plaisir, s'écrie
Sans attendre la fin du jeu.
Courant à si longue haleinée,
Ils n'ont pas vu la Destinée
Se tapir au ravin profond (*).
Oh ! dites-leur la suite amère,
Lot de tout être né de mère ;
Homme, dites-leur ce qu'ils sont !

Faut-il en effet vous le dire ?
Enfants, faut-il les dénombrer
Ces maux, ces vautours de délire
Que chaque cœur sait engendrer ?
Notre enfance aussitôt passée,
Au seuil l'injustice glacée
Fait révolter un jeune sang ;
Refus muet, dédain suprême,
Puis l'aigreur qu'en marchant on sème,
Hélas ! que peut-être on ressent !

Tel qui l'œil tendre, avec mystère,
Rêvait, cheveux de lin épars,
Disciple troublé d'un sectaire,
Prendra les farouches regards ;
Tel, dont la finesse naïve
A trop senti la bise active,
Tourne en malice à son midi ;
Tel qui, dès sa première route,
Hardiment ébranlait la voûte,
S'énerve et n'est plus qu'affadi.

Taisons l'Infamie abhorrée

(*) Mimnerme, Élégie :
. . . . Κῆρες δὲ παρεςήκασι μέλαιναι.

Creusant sa livide maigreur ;
Laissons la Manie à l'entrée
Du bouge où hurle la Fureur ! —
Cet habile , une fois sincère ,
A compris vite ; il se resserre,
Il se pousse au jeu du puissant.
Celui que le myrte convie
Bientôt le gâte , et met sa vie
Sous quelque joug avilissant.

La dose une fois exhalée
De notre encens mystérieux ,
Cette blonde nue envolée
Que dorait un rayon des cieux ,
Tout pâlit ; l'autel se dépare :
L'amour heureux (accord si rare !)
N'a plus son hymne et son honneur.
Printemps enfui ! douleur sacrée !
Ah ! cachons ma ride altérée ,
Qui sourit sans grâce au bonheur !

Chacun souffre ; un cri lamentable
Dit partout l'homme malheureux ,
L'homme de bien pour son semblable ,
Et les égoïstes pour eux.
Ce fruit aride des années ,
Qu'à nos seules tempes fanées
Un œil jaloux découvrirait ,
Ce fond de misère et de cendre ,
Enfants , faut-il donc vous l'apprendre ,
En faut-il garder le secret?

Le bonheur s'enfuit assez vite ,
Le mal assez tôt est venu ;
S'il est vrai que nul ne l'évite ,

Assez tôt vous l'aurez connu.
Jouez, jouez, Ames écloses,
Croyez au sourire des choses
Qu'un matin d'or vient empourprer !
Dans l'avenir à tort on creuse ;
Quand la sagesse est douloureuse,
Il est plus sage d'ignorer.

XXXVII.

1er SEPTEMBRE.

Sorti pendant le jour dans les bosquets secrets,
Sous un ciel apaisé, murmurant et plus frais,
J'observais par endroits quelque arbre des allées,
Mêlant à de plus verts ses branches dépouillées :
« Oh ! ce n'est pas l'automne encore (et je passais) ;
« Ces précédents soleils ont donné par accès,
« Leur poids est assez fort pour qu'un feuillage en meure ;
« Pauvre arbre du Japon, qui s'effeuille avant l'heure ! »
—Et le soir, hors du bois et du clos des jardins,
Au monter sinueux des coteaux en gradins,
Je vis le ciel limpide et sa beauté pâlie ;
Tous nuages fuyaient comme un voile qu'on plie ;
Non loin de l'horizon, au coucher s'inclinant,
Le croissant tranchait net dans l'air plus frissonnant ;
Et la nature entière avec plus de silence
Me semblait accueillir l'astre qui recommence,
Et méditer, plus froide, un charme aussi sacré ;
Et mon âme devint plaintive, et je rentrai.
—Le lendemain, ouvrant, au réveil, sur la plaine,
Ma persienne où glissait l'aurore moins certaine,
Je vis tout un brouillard, qui bien lent se leva :
La journée était belle, et belle s'acheva.
Oui, c'était bien l'automne avec ses larges teintes !
Les chauds midis pourront reprendre leurs étreintes,
La terre voudra croire à l'été rayonnant ;
Mais tout soir pur aura son azur frissonnant,
Et le plus beau matin son brouillard sans aurore.

— Est-ce aussi ton automne, Amour ?... Oh !... pas encore !

XXXVIII.

SONNET.

8 SEPTEMBRE, CINQ HEURES DU SOIR.

..... Albaque populus !

Triste, loin de l'Amie, et quand l'été décline,
Quand le jour incliné plaît à mon cœur désert,
Sans un souffle de vent, sous un ciel tout couvert
D'où par places la pluie échappait en bruine,

Je sortais du taillis au haut de la colline :
Soudain je découvris comme un sombre concert
De la nature immense : avec un dur flot vert
La rivière au tournant, d'ordinaire si fine ;

Et tous les horizons redoublés et plus bleus
Fonçaient d'un ton de deuil leur cadre sourcilleux ;
Les bois amoncelaient leurs cimes étagées ;

Et la plaine elle-même, embrunissant ses traits,
Au lieu de l'intervalle et des longues rangées,
Serrait ses peupliers comme un bois de cyprès.

Précy.

XXXIX.

SONNET.

Quoi ? cette jeune femme, aux noces de Pavie,
Belle, heureuse, élégante, assise à nos côtés,
Qui te regarda tant, et pour qui tes beautés
Et mon nom de poète aussi faisaient envie !

Quoi ? la dame en sa tour qu'un matin j'ai suivie,
Qui, fière des balcons sous les Valois sculptés,
Courait à sa terrasse et chantait ses gaîtés ;
Quoi ? morte dans l'année et d'un souffle ravie ?

Mais que serait-ce donc si cet amour profond,
Éternel, et de qui tout un passé répond,
Avant la jeune femme et sa fuite si vive,

Avant ce prompt trépas qui nous consterne tous,
Lui comme elle au festin, lui près d'elle convive,
Était mort dans nos cœurs !... Oh ! vivons ! aimons-nous !

XL.

Amicx , ab gran cossirier
Sui per vos et en greu pena.
Tenson entre la Comtesse de Die
et Rambaud d'Orange.

—Ami, dans quel grand tourment
Par vous suis-je, et grande peine?
Mais l'ennui qui me malmène
Vous atteint légèrement.
Pourquoi donc vous dire amant,
Si la tendre inquiétude,
Le pur soin que rien n'élude
A votre vœu répond mal,
Et vous fait morose et rude?
Ah! le lot n'est plus égal.

— Mon Amie, Amour, s'il s'assure
D'avoir ensemble uni deux cœurs,
Mêle le charme et les rigueurs;
Chacun les sent en sa nature.
Je sens le baume et la blessure
Selon mon cœur, et sachez bien
Qu'au dedans il ne tient à rien
Que je ne croie, à ma manière,
Porter sur moi dans l'entretien
La part de douleur presque entière.

—Ami, si vous sentiez le quart
Du mal de mon âme contrainte,
Oh! que vous verriez mieux ma part!
Que vous auriez douceur et plainte!

Que vous trouveriez aussitôt
Ces mots puissants et qu'il me faut,
Ces mots d'enivrante mémoire,
Qui d'un cœur jaloux d'être aimé
Vont au cœur soudain désarmé,
Et convainquent quand on veut croire !

—Mon Amie, à regret ma nature est ainsi :
Mais elle, et puis le sort, si longtemps obscurci,
M'ont fait de peu de joie et de peu d'espérance.
Lorsque de votre cœur, qu'un doute a traversé,
Un nuage glaçant dans vos yeux a passé,
    Je rentre en ma vieille souffrance !
Tout mon vœu se retire, et ma parole a fui ;
La source manque ; l'or qui par vous avait lui
N'est plus que sable en moi ; je n'ai rien qui vous tente ;
Je le sais, et, plutôt qu'un transport où je mente,
Comme orphelin soumis qui n'eut matin ni fleur,
    Je m'en remets à mon malheur !

    — Ami, j'ai tort, pour votre bonheur même,
De trop aimer ; je m'en veux corriger.
J'ai trop vécu d'un sentiment extrême,
Profond, brûlant, loin d'un monde qui n'aime
Que s'égayer d'un agrément léger ;
J'ai trop gardé, rêveuse dans la chambre,
Ma robe d'or, mon bouquet rayonnant,
Et mon collier avec tous ses grains d'ambre :
Cela sied moins à nos soirs maintenant.
Mais je saurai m'en dépouiller, j'espère,
Pauvre collier, l'égrainer en secret,
Bouquet chéri, le froisser sans colère,
Et vous aimant, mon Ami, faire taire
Ce trop d'amour qu'un autre bénirait !

— Ne m'aimez jamais moins , ô ma clémente Amie !
Oh ! ne dépouillez rien de la foi raffermie !
Mais s'il tombe au collier, avec les ans jaloux,
Quelque grain , vite ensemble, ensemble , à deux genoux ,
Pleurant, nous les saurons , ces perles tant chéries,
Ramasser, rattacher en ornements meilleurs
Au fil toujours vivant des belles rêveries ,
      Ne laissant perdre que nos pleurs !
Car l'espoir me reprend , dès que ton œil me darde
Un de ses bons rayons ; dans ce feu de tes yeux,
      Comme quand Béatrix regarde,
      Je me sens tirer aux cieux !

— Non pas, Ami , non pas, il faut une amour moindre ,
Non pas avec épine au bouton qui veut poindre,
Mais plus pâle et d'automne : on s'aime presque autant,
D'un cœur plus reposé, d'un feu moins agitant.
J'eus tort ; vous possédez faveur et courtoisie,
Et le monde vous rit en sa grâce choisie.
Allez, il vous désire; absente, je croirai
Au fond d'affection chez vous inaltéré;
Je vous saurai fidèle et lirai dans votre âme.
Vous disiez vrai, j'étais excessive en mon blâme.

    — Non , mon Amie, oh ! pourquoi te blâmer ?
    Comme devant, oh ! jure de m'aimer
    De cette unique et divine manière !
    Et que mon œil ait perdu sa lumière ,
    Et que ma voix ait perdu sa douceur,
    Ce mol accent où l'humble ravisseur,
    Le désir tremble et s'anime et t'agrée,
    Si , depuis toi, depuis l'heure sacrée,
    Le monde vain avec ses passe-temps,
    Vain s'il amuse, exigeant s'il encense ,
    Prompt à payer en retours irritants ,

Ne fut jamais qu'ennui sans complaisance,
Si tout mon mal n'est pas dans ton absence ,
Tout mon bonheur à ravir des instants !

— Oui, je te crois, Ami, pardonne !
Redis-moi.... mais quelle heure sonne ?
Et voilà qu'il faut nous sevrer !
Déjà !... Servitude et supplice !
J'en pleure; oh ! vite un mot qui puisse
Tout éteindre, tout réparer !

— J'ai pour toi cette lettre pleine
De nos débats et de ma peine;
La veux-tu prendre ou différer ?

— Pas de lettre qui me laisse
Sur la ronce où je me blesse !
Pour le rendez-vous prochain
Garde-la, revois la fin !
Mais viens, parle, adieu ! j'implore
Quelque divin mot encore;
Car le dernier mot dévore
Et laisse au cœur le brandon.
Comme une odeur l'air immense,
Il remplit toute une absence,
Et, s'il est ardent et bon,
La remplit de son pardon.
C'est le dernier mot qui compte;
Quand l'esprit au ciel remonte,
Il y va d'un mot porté.
Une parole suprême,
Soupir d'un mourant qu'on aime,
Emplit une Éternité !

XLIᵉ ET DERNIÈRE.

Le long de cette verte et sereine avenue,
Derrière, à droite, au fond, laissant la tour connue
Et le bois protecteur où nous venons d'errer,
Sans trop voir Saint-Mandé qui doit nous ignorer,
Tandis que devant nous la prochaine barrière,
Bizarrement dressée en colonnes de pierre,
Annonce aux yeux la ville, et dit de loin qu'il faut,
Pauvres amants heureux, nous séparer bientôt;
Durant ces courts moments d'une plus calme ivresse,
Redoublant de lenteur sous le soleil qui baisse,
Dans ce silence ému, dans nos regards de feu,
A ton bras, Ange aimé, sais-tu quel est mon vœu?
Mon vœu, c'est que l'allée au lent retour propice,
Ces maisons de côté que le rosier tapisse,
Ces petits seuils riants sans un œil curieux,
Ces arbres espacés où règne l'air des cieux,
Tout cela dure et gagne en longueur infinie;
Que par l'enchantement de quelque bon génie,
A mesure que fuit derrière abandonné
Le beau bois verdoyant, de sa tour couronné,
Abaissant à nos yeux ses colonnes d'Hercule,
L'idéale barrière elle-même recule;
Et nous irions ainsi sans jamais approcher!
Le soleil cependant viendrait de se coucher,
Et le soir faisant signe aux timides étoiles
Baignerait au couchant la frange de ses voiles :
Mais, sous les cieux rougis ou sous le dais du soir,
Nous, bien qu'un peu lassés, sans rien apercevoir,
Sans dire que c'est long ni presser le mystère,
Nous irions, nous irions, bienheureux sur la terre,

Jouissant de l'air pur, de parler, de rêver,
Et croyant vaguement à la longue arriver.
Et Martine pourtant, notre bonne déesse,
Qui jamais ne se plaint, mais quelquefois nous presse,
Au large devant nous, grave et d'un pas royal,
Comme dans les jardins de quelque Escurial,
Son parasol ouvert, marcherait sous la lune,
Sans troubler d'un seul mot l'illusion commune.
Et le soir redoublant d'astres et de beautés,
Et l'univers confus nageant dans des clartés,
Nous aussi de langueur baignés par tous nos pores,
Sans plus comprendre rien aux couchants, aux aurores,
Aux terrestres chemins où s'attardent nos pieds,
A pas toujours plus lents, l'un sur l'autre appuyés,
Mollement nous irions, perdus dans la pensée
Que l'heure du retour n'est pas encor passée.
Et sans douleur pour nous la fatigue croîtrait;
Et tout bruit, toute ville au loin disparaîtrait;
Et sous les blancs rayons l'avenue éternelle,
Au gré de notre pâle et mourante prunelle,
Ferait luire en tremblant, comme entre des cyprès,
De purs tombeaux d'albâtre et mille gazons frais;....
Jusqu'à ce que Martine y glissant la première,
Nous la suivions bientôt sur l'herbe sans poussière,
Inséparable couple, expirant et brisé,
Enchaînant dans nos bras le temps éternisé !

On a pensé que les quatre pièces suivantes, bien qu'elles ne se trouvassent pas classées parmi celles du Recueil, se rapportaient à la même passion, dont elles exprimaient ou le déchirement ou la décroissance.

(Il y faudrait de la musique de Gluck.)

Laissez-moi ! tout a fui. Le printemps recommence ;
    L'été s'anime, et le désir a lui ;
Les sillons et les cœurs agitent leur semence.
      Laissez-moi ! tout a fui.

Laissez-moi ! dans nos champs, les roches solitaires,
    Les bois épais appellent mon ennui.
Je veux, au bord des lacs, méditer leurs mystères,
      Et comment tout m'a fui.

Laissez-moi m'égarer aux foules de la ville ;
    J'aime ce peuple et son bruit réjoui ;
Il double la tristesse à ce cœur qui s'exile,
      Et pour qui tout a fui.

Laissez-moi ! midi règne, et le soleil sans voiles
    Fait un désert à mon œil ébloui.
Laissez-moi ! c'est le soir, et l'heure des étoiles :
      Qu'espérer ? tout a fui.

Oh ! laissez-moi, sans trève, écouter ma blessure,
    Aimer mon mal et ne vouloir que lui.
Celle en qui je croyais, Celle qui m'était sûre....
      Laissez-moi ! tout a fui !

                                      1837.

— Août. —

Jadis , à pareil mois , en ces âpres chaleurs ,
Sous le store , au logis , tout le jour enfermée,
Vous nourrissiez pour moi vos brûlantes douleurs ,
Et pensiez à l'Ami comme une Bien-aimée.

Vos noirs cheveux mêlés à vos regards sans fin
Rehaussaient avec feu la langueur embellie ;
Vos tissus négligés vous laissaient au coussin
Plus en plein dans la pourpre , éclatante et pâlie.

Et moi qui vous nommais ma Reine et ma Didon ,
Qui de loin (car déjà je n'avais plus l'entrée)
Vous voyais , en mon rêve, aux couleurs de Sidon
Mariant vos rougeurs et pour moi dévorée ,

Moi, sur les ponts ardents et sous le bleu des cieux
J'errais, je remplissais le quai vide et sonore,
Je murmurais un nom·, le nom mystérieux :
Ce nom, je le répète, hélas ! et j'erre encore !

Mais Vous , après six ans , lasse de trop aimer,
Sans raison si ce n'est qu'il faut bien que tout passe ,
Vous en qui n'a cessé mon cœur de s'enflammer,
Vous, le store tombant, en cette même place ,

Par ces mêmes soleils aux rayons souverains ,
Vous restez , comme alors , couchée, ô mon Amie !
Rêvant, mais vaguement ; souffrante, je le crains,
Souffrante, mais de corps ;... ou peut-être endormie !

SONNET.

. . . . . Nec amare decebit.

TIBULLE.

J'ai vu dans ses cheveux reparaître et pâlir
Une trace d'argent qu'un hiver a laissée ;
A son front pur j'ai vu la ride ineffacée,
Et n'ai su d'un baiser tendrement la polir.

J'ai vu sa fille aînée à son bras s'embellir,
Et rougissante au seuil de la fête empressée,
Appeler tous regards, ravir toute pensée ;
Et la mère en oubli, pourtant s'enorgueillir.

Assez, ô Muse, assez ! taisons ce qui s'avance ;
Étouffons les échos pour les ans de silence ;
Enfermons les soupirs et cachons-les à tous.

Plus de chants, même au loin, en notre deuil modeste !
Plus de perle au collier ! que le fil seul nous reste,
Un fil indestructible !... O Muse, arrêtons-nous !

SONNET.

Insensé, qu'ai-je fait? Voyant le mal sacré
Dévorer tout son cœur et me brûler comme Elle,
J'ai voulu, sans atteinte à la flamme éternelle,
Diminuer pourtant l'incendie effaré.

J'ai voulu, sur l'autel tout de foudre éclairé,
Allumer un rayon pour l'absence fidèle,
Et plus également ménager l'étincelle,
La lampe vigilante, et qui luit au degré.

J'ai voulu, de Didon, ou de Phèdre, ou d'Hélène,
Faire, ô ma Laure aimée, une plus douce Reine,
Pour elle aussi plus douce, et pour le cher vainqueur ;

Souriant, se plaisant aux tristesses légères,
Chantant sa mélodie au fond des jours sévères...
Je voulais la nuance, et j'ai gâté l'ardeur !

— Décembre. —

TABLE DES MATIÈRES.

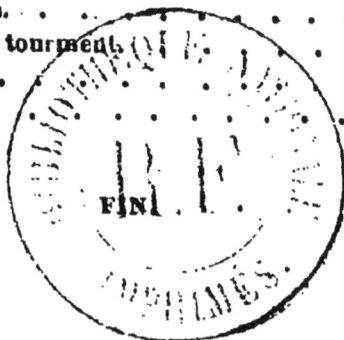

FIN.

www.ingramcontent.com/pod-product-compliance
Lightning Source LLC
Chambersburg PA
CBHW060621100426
42744CB00008B/1459